はしがき

下に掲げた浮世絵は、『名所江戸百景』の「第30景　亀戸梅屋舗」です。左は、歌川広重が描いた絵で、右はゴッホの模写です。

『名所江戸百景』（略して『江戸百景』または『江戸百』とも一般に称しています）は、明治維新（1868年）の約10年ほど前の安政３（1856）年から安政５（1858）年にかけ、クローズアップや、俯瞰など様々な構図を駆使して江戸と近郊の風景119景を描いた浮世絵として発行されました。その後、ゴッホの模写に見られるように洋の東西に影響を与え、現代においても折々見かける浮世絵です。

江戸は明治維新後、東京と名を変え、都市として変貌を遂げてきました。『江戸百景』は、当時の江戸の風情を伝えているのですが、その描かれた場所が現代のどこに当たるのかに興味を持たれた方のために、本書を企画しました。

本書でご紹介する「隅田川向島コース」「北十間川コース」は、119景の中の隅田川向島地区の５景と北十間川沿いの５景（下の「亀戸梅屋舗」も含まれます）を、それぞれ２時間程度の散歩コースに組み入れて、どの絵が現代のだいたいどの地点に対応するかをできるだけ分かりやすく示し、その地区の歴史的解説と関連する浮世絵や図表を加えました。

『江戸百景』の絵と現在の風景を比べていただき、時空の旅を楽しんでいただければ幸いです。

NPO法人江戸百景と東京の風景の会
代表　渡部 良雄

監修のことば

歌川広重の力作『名所江戸百景』は、幕末期の江戸内外を描いています。それぞれの絵には、その地域の歴史や背景、人々の暮らしが投影されています。定火消同心の家に生まれ、江戸の町を知り尽くした広重だからこそ描き切れたシリーズとも言えます。

著者は、『名所江戸百景』のそれぞれの絵が「どこの場所から描かれたのか？」という疑問から始まり、次第に画像の奥に潜む江戸の町が育んできた、それぞれの「個性」を発掘しようとしているかのような熱意と好奇心に満ちた探求を続けてきました。

著者と一緒に絵の描かれた場所を求めて歩いてみると、改めて現代の東京にまでつながっているような連続性と、もう失われてしまったかのような不連続性が見えてきます。

本書では、テキストとしての『名所江戸百景』はもとより、『江戸名所図会』『絵本江戸土産』等からも絵を引用・紹介しながら『名所江戸百景』が描かれた場所とその周辺地域の歴史を詳しく解説しています。さらに、実際に描かれた場所に行ってみたいという方のために詳しい道案内も掲載しています。

東京の町は現在も変貌し続けています。それぞれの町がどのようにしてこういう町になったのか、元はどのような場所だったのか。さらにこれからの東京はどのような町になればよいのか等々、東京の足元を見つめ直していただく手助けになればと思います。

江戸・東京　郷土史研究者

久染 健夫

目　次

『歌川広重』について

風景の浮世絵師として有名な歌川広重は、江戸八代洲河岸（江戸城馬場先門：現在の明治生命館（東京都千代田区丸の内２丁目）付近）の定火消の同心安藤源右衛門の子として寛政９（1797）年に生まれ、幼名は徳太郎を名乗りました。文化６（1809）年に母の没後、父の隠居により数え12歳で火消同心の職を継ぎ、重右衛門を名乗りますが、同年末に父も他界します。

幼年時代から絵が好きで、15歳頃の文化８（1811）年に歌川豊広に入門し、師の『広』と自身の名から『重』を取り、歌川広重の名を与えられます。21歳頃の文政元（1818）年に『一遊斎』の号で画壇に出ます。

24歳頃の文政４（1821）年に、火消の同心の娘と結婚し、11年後の天保３（1832）年には、安藤家の縁者仲次郎に家督を相続します。

この間、浮世絵師としては、役者絵、美人画を手掛けましたが、文政11（1828）年の師の豊広亡き後には、風景画を主に手掛け、天保２（1831）年、従来の画風を一新する『東都名所』（10枚続き物）で高評価を得ました。天保３（1832）年、京の御所で行われる『御馬献上』に同行し、道中の旅人や地方の風俗をスケッチし、天保４（1833）年、36歳頃には、『東海道五十三次』を続き物として発表して風景浮世絵の地位を確立しました。その後も、風景画を主に多種多様な絵を手掛けていますが、数え60歳となる安政３（1856）年から安政５（1858）年にかけて連作した『名所江戸百景』は、風景浮世絵として『東海道五十三次』と並んで人気を博しました。

しかし、『名所江戸百景』の発刊が続いている、安政５（1858）年に62歳で死去します。死因は当時江戸で流行したコレラと伝えられています。

『名所江戸百景』とその影響について

『名所江戸百景』は、その発行の契機として一説には、安政２（1855）年10月２日夜４つ（午後10時）に発生した安政の大地震があり、そこから復興する江戸の町を描く決心があったと言われています。

版元は魚屋栄吉（下谷新黒門町上野広小路）で、安政５（1858）年９月に広重が亡くなるまでに115景完成し、弟子の重信（２代目広重）が没後に３景の制作に加わり、『２世広重』と明記して１景を制作しています。対象となった地点は、江戸の中心である日本橋をはじめとして、北は赤羽、南は羽田、西は井の頭、東は市川・国府台までの江戸と近郊の風景を春・夏・秋・冬に分けて総計119景に目録（表紙）を加えた120枚で構成されています。

江戸の名所案内は、天保５（1834）年から天保７（1836）年の頃に、斎藤長秋（幸雄）・莞斎（幸孝）・月岑（幸成）の三代にわたって書き継がれた『江戸名所図会』が発刊されました。これは、安永９（1780）年に発刊された『都名所図会』に触発されたと言われています。『江戸名所図会』の発刊後、風景の浮世絵師・歌川広重により『江戸名所図会』に取り上げられた江戸の各名所に、その他の場所も付加して、まず『絵本江戸土産』が嘉永３（1850）年から発刊され、次に『名所江戸百景』が多色刷りの風景の浮世絵として安政３（1856）年から安政５（1858）年にかけ、発刊されました。

『江戸百景』は、総計119景全部の絵が縦構図と工夫を凝らした構成で発行され、海外や後代の版画に大きな影響を与えました。その影響の一端は、昭和に入り、昭和４（1929）年から昭和７（1932）年にかけて、恩地孝四郎ほか７名の版画家により発行された版画集『新東京百景』や、版画家・小泉癸巳男により昭和３（1928）年から昭和15（1940）年にかけて、発行された版画集『昭和大東京百図絵』があります。

また、東京都は、昭和57（1982）年10月１日に『都民の日』制定30周年を記念して、都民からの公募に基づき『新東京百景』を選定しました。

隅田川向島コース

～古代の東海道が通る梅若丸伝説の地から、向島の桜堤の地へ

この隅田川向島コースでは、①「第92景　木母寺内川御前栽畑」、②「第35景　隅田川水神の森真崎」、③「第39景　吾妻橋金竜山遠望」、④「第34景　待乳山山谷堀夜景」、⑤「第91景　請地秋葉の境内」の５景を巡ります（コースマップについては、８頁参照）。

出発点となる鐘ヶ淵地区は、奈良時代には設置されていた古代東海道の隅田川東岸の起点で、その後江戸時代には、内川という掘割があり、『江戸百景』には、その内川に面して木母寺の西側に建っていた料亭植半を描いた①「第92景　木母寺内川御前栽畑」と隅田川河川敷内から対岸を描いた②「第35景　隅田川水神の森真崎」があります。

次に隅田川の東岸が「向島」と呼ばれますが、江戸時代の中期以降「向島」は、現在の桜橋付近にある長さ約１キロの桜堤で有名となり、行楽や憩いの地として人々が訪れる場所となりました。その桜堤の桜の花びらを踏まえて、『江戸百景』には、③「第39景　吾妻橋金竜山遠望」と④「第34景　待乳山山谷堀夜景」があります。

さらに向島の東に秋葉神社があります。この秋葉神社は、現在国道６号（通称・水戸街道）の東に位置していますが、江戸時代にはこの国道を含む広大な境内を有していて、現在の水戸街道の西側に池沼がありました。その池沼が、『江戸百景』には、⑤「第91景　請地秋葉の境内」に描かれています。

このコースのゴールとなる曳舟駅周辺は、平成13（2001）年から再開発事業が進められ、平成23（2011）年ランドマークとなる高層ビルが建ち、押上・業平地区の東京スカイツリー®とともに街の変化を印象付けています。

このコースの特色は、鐘ヶ淵地区の隅田川河川敷の雄大な風景と向島地区から隅田川対岸にある浅草のちょっと都会的な風景を味わえるとともに、見番通りから曳舟までの下町散歩ができることです。

① 第92景「木母寺内川御前栽畑」

出典

①国立国会図書館ウェブサイト（https://dl.ndl.go.jp/pid/1312328）
②国立国会図書館ウェブサイト（https://dl.ndl.go.jp/pid/1312271）
③国立国会図書館ウェブサイト（https://dl.ndl.go.jp/pid/1312274）
④国立国会図書館ウェブサイト（https://dl.ndl.go.jp/pid/1312270）
⑤国立国会図書館ウェブサイト（https://dl.ndl.go.jp/pid/1312327）

② 第35景「隅田川水神の森真崎」

③ 第39景「吾妻橋金竜山遠望」

④ 第34景「待乳山山谷堀夜景」

⑤ 第91景「請地秋葉の境内」

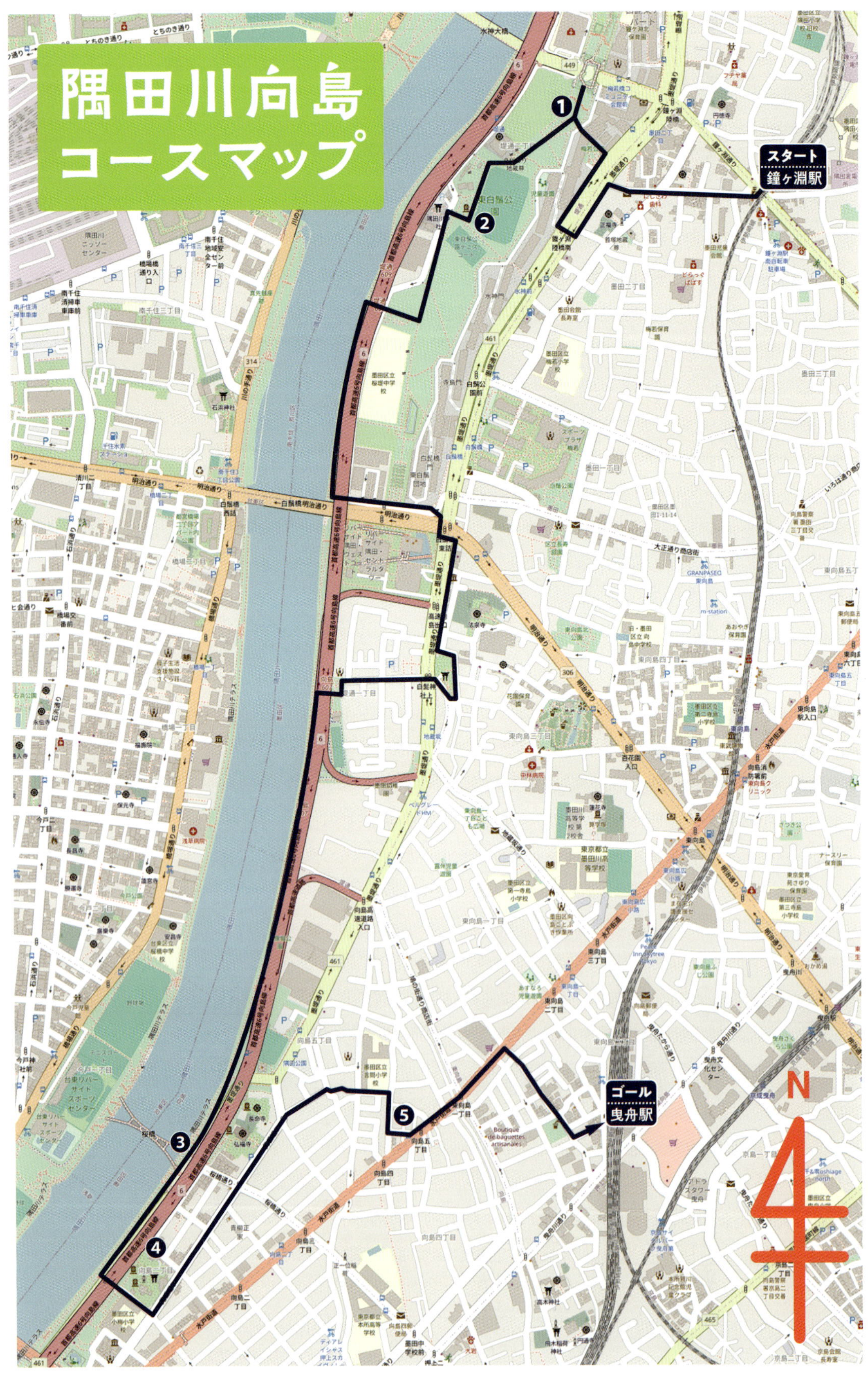
隅田川向島
コースマップ
スタート
鐘ヶ淵駅
ゴール
曳舟駅
N

隅田川向島コースのスタートは、東京都墨田区にある東武スカイツリーライン鐘ケ淵駅です。北千住方面下りホーム後方にある改札口（西口）※を出ると、浅草・押上方面の改札口への地下連絡道脇の植え込みの中に「古代東海道」の案内板があります。「古代東海道」は、駅前の踏切に直交する通称「鐘ヶ淵通り」と約30度角に交差する道路です。

※上りホームについては、前方の改札口（東口）を出て、反対側の西口へ地下を通る連絡通路か前方の踏切を渡ってください。

鐘ヶ淵駅（西口）改札口

「古代東海道」案内板

鐘ケ淵駅を背に古代東海道へ

まずは、「古代東海道」（写真奥の道）に入るため、駅正面の横断歩道を渡り、向島警察署鐘ケ淵駅前交番の横を通り、交番の後側を右折し、「古代東海道」に入ります。すると、正面前方に高さ40mの「都営白鬚東アパート」（通称：防災団地、参考1）が見えます。

古代東海道

その「都営白鬚東アパート」へ向かって「古代東海道」を約200m進むと小さな交差点に出ます。そこを前方に進み、「墨田二郵便局」の前を通り、上り坂を少し上がると、右手に稲荷神社があり、正面に「都営白鬚東アパート」を望む、片側3車線の墨堤通り（東京都道461号）に出ます。

小さな交差点

稲荷神社

墨堤通りと防災団地

墨堤通りと防災団地

墨堤通りにぶつかったら左折し、約100m先にある「鐘ヶ淵陸橋南」の横断歩道まで進みます。横断歩道を渡り、右に進むと「隅田川神社参道碑」があり、さらに進むと「榎本武揚像」（参考２）に達します。

隅田川神社参道碑

「榎本武揚像」に向かう

黄色のゲート（左）と「榎本武揚像」（右）

旧木母寺跡記念碑

この像の北側には、梅若公園があり、「都営白鬚東アパート」建設前の木母寺（参考３）にあった「梅若塚跡」を示す記念碑があります。
「榎本武揚像」と梅若公園を一周した後、西側の「都営白鬚東アパート」１階の黄色のゲートを通り抜けます。

梅若塚跡記念碑

公園から首都高速６号向島線を望む

すると、広大な「東京都立東白鬚公園」が見えます。そのまま公園に入り、正面に見えるゲートボール場を右側に進み、隅田川までの距離を実感するため、「梅若橋」の南詰から橋に上ります。「梅若橋」からは西側の広大な空き地の向こうに首都高速６号向島線が見え、南西に三層の建物へ青緑色の塔を載せた現在の木母寺が見えます。

梅若橋から首都高速６号向島線と木母寺を望む

梅若橋南側から白鬚東アパートを望む

梅若橋北側から白鬚東アパートを望む

昭和30年代まで内川と呼ばれる水路が現在の木母寺辺りの隅田川から梅若橋南詰を通過し、鐘ヶ淵通りと墨堤通りの交差点辺りまで引かれていて、昭和30（1955）年代以降に埋め立てられました。
この一帯は、江戸時代は、将軍家の御殿があり、その御殿で供する野菜を栽培する畑を御前栽畑と称していました。①「第92景　木母寺内川御前栽畑」の題名となっている「木母寺」「内川」「御前栽畑」の当時の所在については、現在の梅若公園付近に「木母寺」があり、その前面西側から東側に「内川」が広がり、北側に「御前栽畑」があったことが推測されます。現在の「梅若橋」の南詰から、橋を背に坂を下って、右側に木母寺が見え、左側にゲートボール場の南角の所に戻り、もう少し西の空き地側上方が、①「第92景　木母寺内川御前栽畑」の推定描画地点と推測されます（参考地図①、②の赤い矢印）。

参考地図①（明治41年測図）

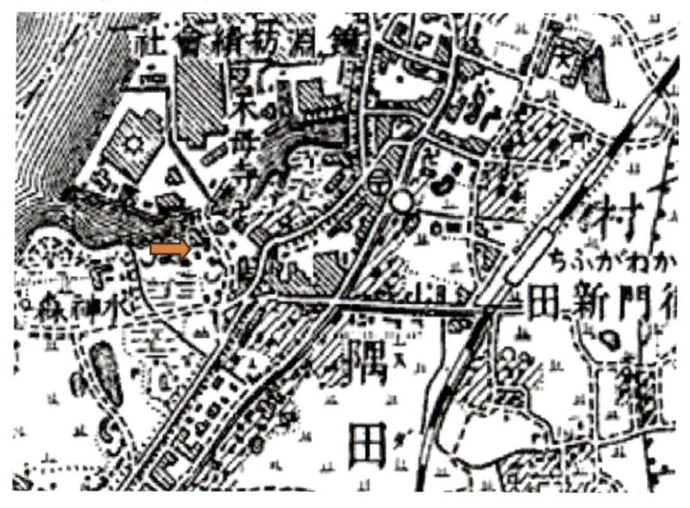

参考地図②（現在地図）

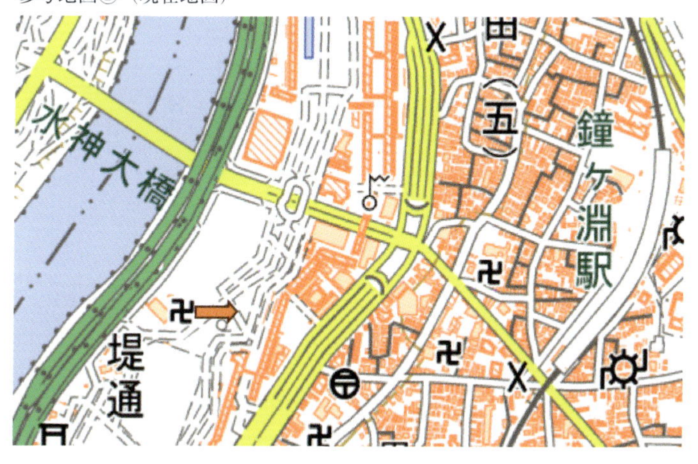

①　第92景「木母寺内川御前栽畑」
（安政４（1857）年12月　秋の部）

①絵は、隅田川を遡ってきた屋根船を下りた芸者衆が、境内近くにあった料亭植半へと向かう様子を描いています。
木母寺は、もとは梅若寺（ばいにゃじ）と称し、「梅」をへん・つくりに分けて寺号にしました。梅若伝説ゆかりの寺で、伝説に出てくる塚は「梅若塚」として現在の木母寺内にあります。「橋場（隅田）の渡し」を超えて向島に下り立ち、古代の東海道へ向かう角にあったので、「都にも知られた寺院」になりました。木母寺へは、隅田川から内川という堀が切れ込み、つながっていました。

②料亭「植半」は、元は造園業者で、代々の坂田半右衛門が引き継いだことから、「植半」と呼ばれました。景色の良い木母寺境内での茶会・宴会場の設営を請け負ううち、料理も受け持つことになり料亭になりました。ほかに近在の料理屋として武蔵屋があります。

③前栽畑は絵の中央の橋、左手奥の綾瀬川と隅田川が合流する鐘ヶ淵の辺りにありました。四季の野菜を栽培し、将軍家に献上するという慣習が明暦年間（1655～58）の頃から始められました。

④広重のこの地区を描いた浮世絵としては、『絵本江戸土産』の「木母寺料理屋御前栽畑内川」（52頁参照）と「隅田川八景木母寺秋月」（53頁参照）があります。
『絵本江戸土産』の「木母寺料理屋御前栽畑内川」では、ほぼ同様の構図で冬の景色が描かれていますが、「隅田川八景木母寺秋月」では、画面中央の橋を起点として反対側から、隅田川の方向を描いています。なお、『江戸百景』及び『絵本江戸土産』の構図は、現在の風景では高速道路側から防災団地側を望むことになります（８頁のコースマップ参照）。

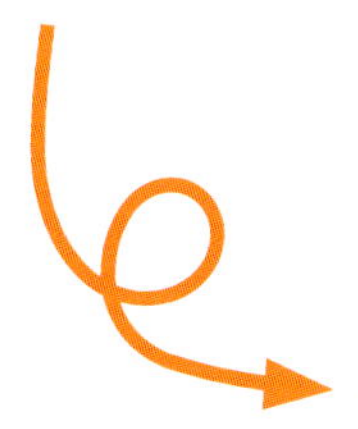

この絵の現在の風景はコチラ！

①「第92景　木母寺内川御前栽畑」の現在の風景

次に、②「第35景　隅田川水神の森真崎」の推定描画地点へ向かいます。ゲートボール場の南側にある公園と木母寺に間の道を南に向かい、さらに少年野球場に沿って歩くと桜並木に達し、前方にテニスコート、右手に隅田川神社（参考４）の鳥居が見える位置に着きます。

木母寺

木母寺前の道

隅田川神社の鳥居が見える位置

少年野球場沿いの道（右が公衆トイレ、奥が東白髭公園サービスセンター）

広場にあるモニュメント
（シンボルタワー「纏」）

テニスコートに面する地点が、②「第35景　隅田川水神の森真崎」の推定描画地点です（参考地図③、④の赤い矢印）。

テニスコートに面する地点

参考地図③（明治41年測図）

参考地図④（現在地図）

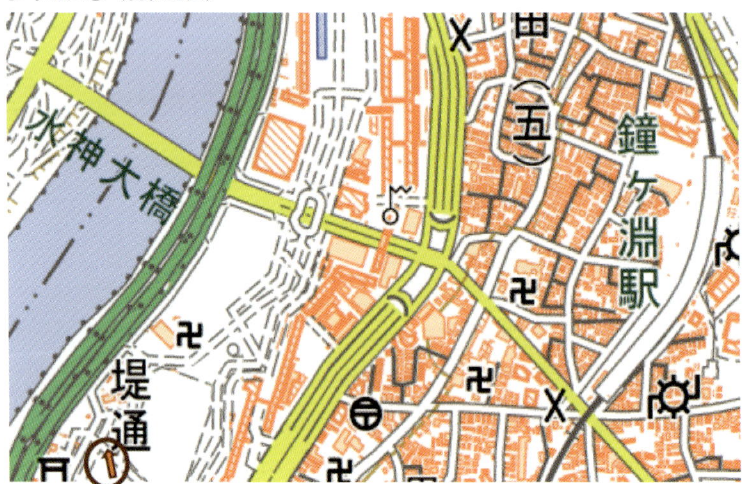

②　第35景「隅田川水神の森真崎」
（安政３（1856）年８月　春の部）

①「隅田川水神」は、社伝によれば、元の名を浮島神社といい、古くは水神社、水神宮、浮島宮などとも呼ばれました。地域の鎮守神の「水神さん」として親しまれるとともに、隅田川一帯の守り神として、水運業者や船宿など、川で働く人たちの信仰を集めたほか、「水神」の名から水商売の人々にも信仰されてきました。明治4（1872）年に現社名に改名しました。

②画面中央にある左の船のあたりが橋場（隅田）の渡しで、真崎（先）と呼ばれ、真先稲荷・石浜神明宮があります。

③画面手前には、8代将軍徳川吉宗が寺島村（現在の東京都墨田区東向島）境から木母寺までの隅田川堤上に植樹を命じた桜の花が描かれています。桜の奥右手に見える社が、現在の隅田川神社に当たる水神社で、現在の隅田川神社のある場所より100mほど上流にありました。隅田川はこのあたりの上流で西へと蛇行して千住に向かいます。

④画面中央に見える遠景の山は、筑波山ですが、実際には画面右手になると推測されます。また、画面下の道は古代東海道と推測され、右手に行くと木母寺に至ります。

⑤広重のこの地区を描いた浮世絵としては、『絵本江戸土産』の「水神乃森真崎乃社」があります（53頁参照）。ほぼ同様の構図で雨の景色が描かれていますが、手前右手に水神の鳥居、対岸に真崎神社の鳥居を描いています。

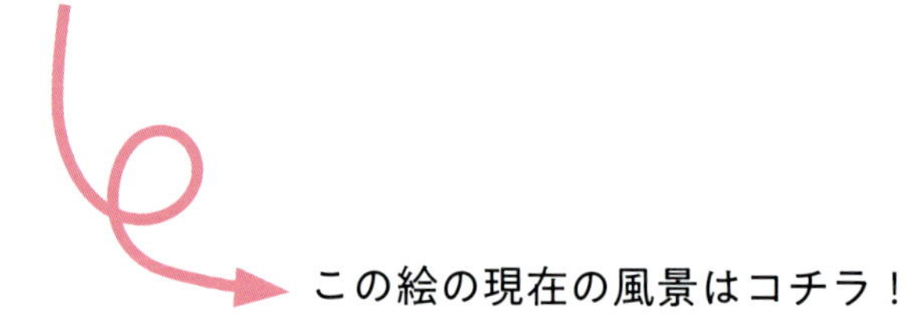

②江戸百景「第35景　隅田川水神の森真崎」の現在の風景

②「第35景　隅田川水神の森真崎」の推定描画地点から、隅田川水神社の方向へ50mほど歩くと、左側に中世の宿場「隅田宿」の案内板（墨田区教育委員会設置）があります。
案内板を右手にして、南方向正面に東京スカイツリーとリバーサイド隅田セントラルタワービルを見ながら歩きます。

隅田川水神社と「隅田宿」案内板

東京スカイツリー（左）とリバーサイド隅田セントラルタワービル

しばらく歩くと墨田区立桜堤中学校の校舎（写真右手）があり、右手の道奥に首都高速道路が見える地点に来ます。ここを首都高速道路に向かって歩くと（左手奥に公衆用トイレがあります）、堤に沿った車道と歩道に出ます。

首都高速道路が見える地点

ちょっと寄り道

「近代映画スタジオ発祥の地」の案内板

堤に沿った歩道をガードレールに沿って左へ50mほど歩くと、左側に「近代映画スタジオ発祥の地」(参考５)の案内板があります。関心のある方は訪れてみてください。

（上流側）右から水神大橋、対岸に汐入公園、瑞光橋

対岸に南千住方面を望む

（下流側）ガスタンクと石浜神社､左手に白髭橋

先ほどの車道を横断して、首都高速道路の桁下の階段から隅田川堤防に上がると隅田川の流れの上流に水神大橋、対岸に汐入公園、瑞光橋、南千住方面、巨大なガスタンクと石浜神社（参考６)、下流に白髭橋（参考７）の雄大で、ここならではの風景を望むことができます。その後、堤上を下流の白髭橋へ向かい歩き、橋の手前を左手に下り、そのまま横断歩道を渡ります。

白髭東工業協同組合

白髭橋東詰交差点からスカイツリーを望む

横断歩道を渡った後、白髭東工業協同組合の前を通り、墨堤通りと明治通りの交差点に着きます。
交差点にあるコンビニエンスストア側に渡り、墨堤通りの最初の角を左に曲がり、坂を下ります。

左手に下る坂

法泉寺の塀

坂を下ると、すぐ右手に道があり、家３軒分先から法泉寺（参考８）の塀が伸びています。
この塀に沿った道が、江戸時代には築かれていた隅田川の旧堤の下道になり、右手の建物の基礎部分（下部のコンクリート部分）が旧堤の高さとなります。

白鬚神社裏手の突き当たり

突き当たりを左手に進んだ道

白鬚神社東側塀沿いの道

この道をそのまま道なりに進むと白鬚神社（参考９）の裏手に突き当たります。突き当たりを左手に進み、さらに一つ目の角を塀に沿って右手に進むと、神社の塀が回り込んでいる参道前の十字路に着きます。

白鬚神社参道前の十字路

このコースでは十字路を右手に進んで行きますが、十字路を左手に行くと向島百花園（参考10）に着きます。

向島百花園への道

十字路を右手に進んだ白鬚神社の参道前

先ほどの十字路を右手に進み、正面の階段を旧堤へ上がり、信号の見える白鬚神社横の横断歩道を目指します。

堤上の道から、右手が白髭神社、左手が信号のある横断歩道

堤通公園へ向かう道

堤通公園へ向かう道の突き当たり

横断歩道を渡り、そのまま首都高速道路に向かって歩くと突き当たり左手に墨田区立堤通公園があります（左手奥に公衆用トイレがあります）。

堤通公園入口

テラス入口

公園に入り、首都高速道路の高架下に進みます。高架下の右手に、川面のテラスに下りられる階段（テラス入口）があります。

テラス入口から桜橋方面を望む

テラス入口から白髭橋を望む

テラスから桜橋・墨田区役所・アサヒビール本社ビルを望む

階段を上ると、右手（上流）に白髭橋が見え、左手（下流）に桜橋が見えます。
テラスに下りたら、下流の桜橋（参考11）へ向かいます。

桜橋に着いたら、橋桁下を抜けたところから川下と対岸を遠望します（参考地図⑤、⑥の赤い矢印地点）。ここが、③「第39景吾妻橋金竜山遠望」の推定描画地点になります。

参考地図⑤（明治42年測図）

参考地図⑥（現在図）

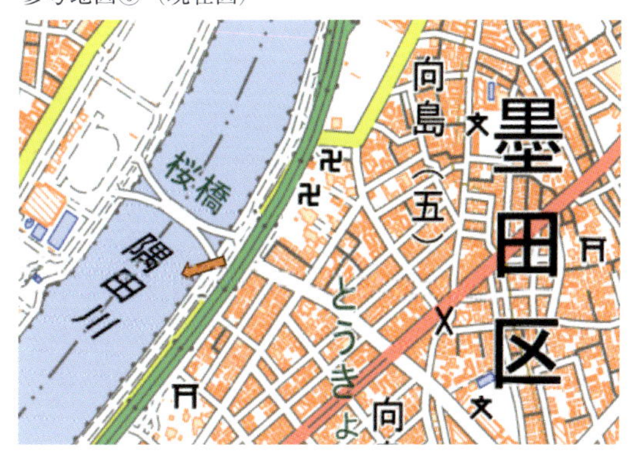

③　第39景「吾妻橋金竜山遠望」
（安政４（1857）年８月　春の部）

①絵の中央左側に富士山が描かれ、その下に吾妻橋が描かれています（現在は東武スカイツリーラインの鉄橋とさらに手前に言問橋があるので、吾妻橋は見えません）。一方、右側には浅草寺と五重塔が描かれています（戦災で焼失するまでは、この絵のとおり本堂に向かって左側に立っていました。現在本堂は、ビルの向こうになり見えません）。舟の係留場所は、竹屋の渡しの少し上手（現在の桜橋の少し下流）と思われます。

②絵の舟は簡易な屋根が葺いてある屋根船で、桜の花びらが舞っているところから、花見をしているところと思われます。

③現在の隅田川とは異なり画面中ほどには、浅瀬が描かれています。帆掛け船が、３艘描かれていますが、吾妻橋などの橋を通るときは、帆柱を倒して通過しました。

この絵の現在の風景はコチラ！

③江戸百景「第39景　吾妻橋金竜山遠望」の現在の風景

三囲神社鳥居

山谷堀取水口付近

ここから、堤防へと上がり川下の言問橋方向へ100mほど歩くと、左側に三囲神社（参考12）の鳥居が見え、その右側対岸に白いコンクリート囲われた山谷堀取水口と、その上に待乳山聖天（参考13）の社殿が見える場所に着きます。ここが、④「第34景　待乳山山谷堀夜景」の推定描画地点です（参考地図⑦、⑧の赤い矢印地点）。

参考地図⑦（明治42年測図）

参考地図⑧（現在図）

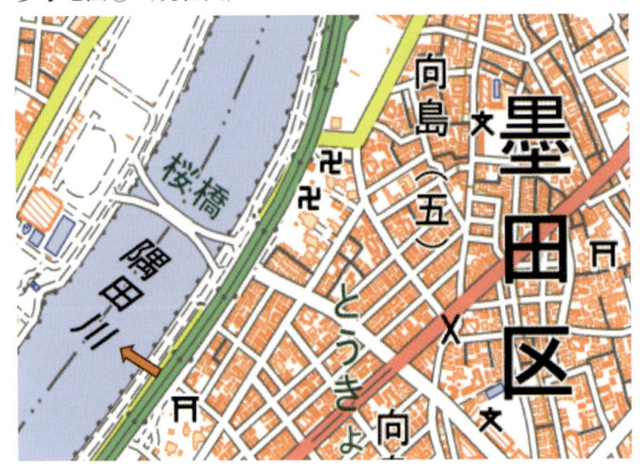

④　第34景「待乳山山谷堀夜景」
（安政４（1857）年８月　春の部）

①絵は、三囲神社近くの堤から、隅田川越しに対岸を描いています。対岸のこんもりとしている所が待乳山で、その下の掘割は山谷堀です。桜が葉桜なので、晩春の風情です。闇夜に一人の芸者が浮かび上がり、対岸には料亭の灯り、夜空に星明りという印象的な絵です。

②待乳山は、昼であれば聖天宮（本龍院）の建物が見えます。

③山谷堀は、江戸時代初期に三ノ輪から今戸まで隅田川の水害対策で掘られました。明暦3（1657）年の大火後に人形町から現在地へ移転した新吉原へ、大川（隅田川）からの舟便に使用されました。絵では、山谷堀に架かる今戸橋の左側が船宿兼料亭の竹屋で右側が料亭有明楼です。

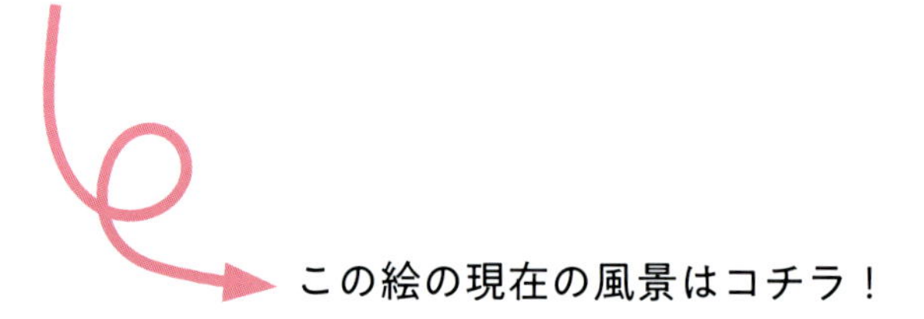

④「第34景　待乳山山谷堀夜景」の現在の風景

堤上から三囲神社へ向かう

ここから、左手高速道路下の信号のある横断歩道へ向かい、横断歩道を渡り、真っ直ぐそのまま道なりに下り、三囲神社へ向かいます。

三囲神社への横断歩道

三囲神社

横断歩道から、約100m歩くと三囲神社の鳥居に着きます。鳥居を左手に曲がると通称・見番通り（参考14）に出ます。

見番通りを見番方向へ向かう

向嶋墨堤組合（見番）

見番通りを道に沿って左手（見番方向）へ歩きます。

弘福寺

長命寺の入口

長命寺を過ぎた交差点(奥が墨堤通り)

さらに歩を進めて、見番先の横断歩道を渡り、弘福寺（参考15）を過ぎると、長命寺（参考16）先の交差点に着きます。
「長命寺　桜もち」や「言問団子」はこの交差点を左手100mほど上った先の墨堤通り沿いにあります。

料亭に突き当たる道

料亭横の路地

交差点左手から墨堤通りを下ってくる道の横断歩道を渡り、直進すると料亭に突き当たるので、その横の路地を歩いて言問小学校（参考17）に出ます。

言問小学校校庭と突き当たりの建物

「向島有馬温泉の図」

そのまま、直進して言問小学校校庭南側を歩き、正面突き当たりの３階建てオレンジ色の建物（１階入口に「向島有馬温泉の図」のプレートがあります）の前を右手に進みます。

突き当たりの建物を右手に進む道

二つ目のT字路を左に入った道

右手に進むと一つ目のT字路で道幅が狭くなり、そのまま進むと道に二つ目のT字路を示すペイントがありますので、そこを左手に進むと、国道6号（水戸街道）に出ます。

水戸街道に出たところは、右手（南方面）に花屋、左手（北方面）に横断歩道がある場所になります。そのまま、北方面へ家並みを3軒ほど歩き、反対側の路地の奥を見ると、秋葉神社（参考18）の本殿が見えます。

国道6号（水戸街道）北方面

国道6号（水戸街道）南方面

秋葉神社本殿

参考地図⑨（明治42年測図）

参考地図⑩（昭和５年測図）

参考地図⑪（現在図）

「請地秋葉権現宮・千代世稲荷社」（『江戸名所図会』）

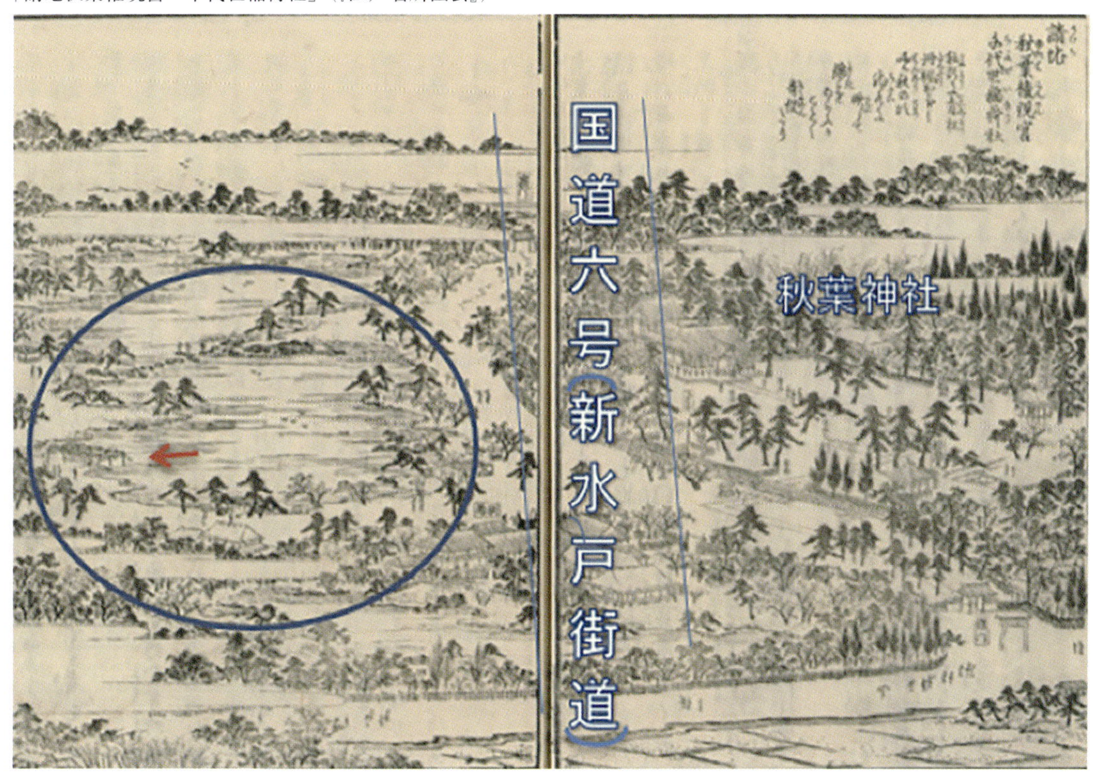

https://dl.ndl.go.jp/pid/2563398/1/12を加工して作成

上の絵は、『江戸名所図会』に描かれている秋葉神社で、表題は当時呼ばれていた「請地秋葉権現宮・千代世稲荷社」となっています。
北方面に向けて右手に神社本殿が描かれ、左手に広い池と茶屋が描かれています（上図の青丸区域）。この左手の青丸区域が、⑤「第91景　請地秋葉の境内」の推定描画地点と考えられます。この周辺は、江戸時代後期には、このような風景が展開していたと思われ、参考地図⑨においても、広い境内で西側に池があります（赤矢印）。しかし、国道６号（水戸街道）が昭和に入り開通することによって、神社本殿の区域を残すのみの現在の風景に変わっていったと思われます（参考地図⑩赤で囲った区域）。

左手に入る角

それでは、⑤「第91景　請地秋葉の境内」の現在の場所は、どのあたりになるかということで、歩みを進めます。秋葉神社の本殿が見えたところから、さらに40mほど進むと左手に入る道があるので、そこを入ります。

「さくらんぼ児童公園」への道

「さくらんぼ児童公園」入口

さらに、20mほど進むと左手に「さくらんぼ児童公園」があり、ここが往時の境内の広い池の一部と推測されます。

第91景「請地秋葉の境内」
（安政４（1857）年８月　秋の部）

①「請地」は浮き地、浮島のような土地といった意味で、中世のこの周辺を表しています。

②秋葉神社は、鎌倉時代の正応年間（1288～93）に稲荷神社として創建され、やがて遠江国（静岡県）の秋葉権現も祀るようになりました。元禄15（1702）年、社殿の改築により大社殿になり、火伏の神様として大名の信仰も集めました。

③『江戸名所図会』の「請地秋葉権現宮千代世稲荷社」によれば、境内の西側には池があり、別当万願寺の北側にありました。
広重は 安政３（1856）年３月28日に剃髪し、以後僧体となりました。明治15（1882）年、三代広重により、この地に初代広重の石碑が建てられ（関東大震災で破壊）、残された写真には広重の辞世と僧形の姿が刻まれていたところから、絵の左下にある茶屋で小道具を散らして写生をしている人物は広重本人と思われます。

④絵の中央には青い松と赤い楓が描かれていますが、水に映る木の影は、松は黄色を濃く、楓は薄い桃色にして、影のもたらす視覚上の効果が工夫されています。

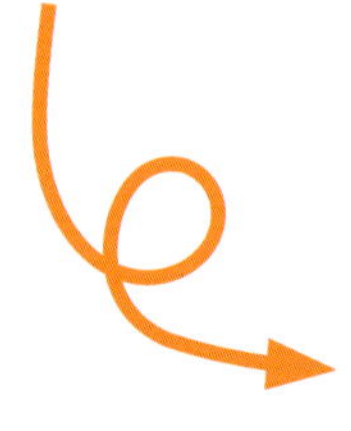

この絵の現在の風景はコチラ！

⑤第91景「請地秋葉の境内」の現在の風景

「さくらんぼ児童公園」で、隅田川向島コースの５景の絵をめぐることができました。このコースのゴールとなる東武スカイツリーラインの曳舟駅へ向かいます。駅周辺は近年再開発事業が進められ、街並みも変化しています。まず、国道６号（水戸街道）に引き返し左手に曲がり、２つ目の信号の横断歩道まで進みます。

国道６号（水戸街道）２つ目の信号の横断歩道

高層ビル「イーストコア曳舟」への道

横断歩道を渡り正面に「イーストコア曳舟」の高層ビルを見ながら道なりに進むと、「ふじのき児童公園」に達します。

ふじのき児童公園（右前方）

東武スカイツリーライン曳舟駅

「ふじのき児童公園」入口の反対側の道を左手に進むと曳舟駅（西口）に到着します。

隅田川向島コースの歴史

1.「東京低地」から古代東海道

東京の都心を南北に縦貫し、北は現在の埼玉県さいたま市、南は神奈川県横浜市・鎌倉市まで結ぶ、ＪＲ京浜東北線の上野・田端沿線に続く崖から東、江戸川を越えて千葉県市川市国府台周辺の高台の間は、「東京低地」と呼ばれています（50頁の図１参照）。

この地域は、およそ6000年前、縄文時代前期にピークを迎えた縄文海進によって海が内陸まで入り込み、多くが海中に没してしまいましたが、その後2000年くらい前の弥生時代には海が引いて陸地化が進行しました。

また、海水面の低下と同時に、河川が上流から運んできた土砂が堆積して、陸地化が進み古墳時代の頃には人が暮らせる環境がつくられていったと考えられます。

このコースで扱った向島地域もこの東京低地と呼ばれる低地帯に含まれ、古代から人が定住して村落がつくられていきました。

奈良時代にあたる８世紀中頃、隅田川周辺の武蔵国・下総国の低地帯が陸地化し、村が開かれるにつれて、都では朝廷としての道路、すなわち官道の敷設が計画されました。これが古代の東海道にあたります。記録の上からも下総国の宿駅として「井上」（いかみ：下総国府のあった現在の千葉県市川市国府台付近）・武蔵国の宿駅には「豊島」（現在の東京都北区西ヶ原付近）などの名が伝えられています。他にも「浮嶋」「河曲」（かわわ）などの地名も見え、これが現在の東京都墨田区ではないかとの説もあります。

明治33（1900）年から刊行が始められた日本初の全国的地誌、吉田東伍編『大日本地名辞書』には「隅田（すだ）村より立石・奥戸を経て、中小岩に至り下総府へ達する一径あり、今も直状糸の如く右駅路のむかし偲ばる」と古代東海道について記載していますが、現在の墨田区墨田～葛飾区立石～江戸川区小岩～市川市国府台の経路を古代東海道に比定し、イメージとしては８世紀当時の隅田川沿岸に開けた隅田（すだ）村～立石には沼沢地が広がり、海浜の地に船を利用しながら往復することもできたような海道だったと考えられています。

2．隅田宿

前項で登場する隅田村は隅田宿（すだじゅく）と呼ばれ、古代東海道の隅田川を渡る場所でした。現在の東京都立東白鬚公園、隅田川神社や木母寺周辺を指しています。

承和２（835）年６月29日の太政官符に「武蔵下総両国等堺住田河四艘　元二艘。今加二艘」とあり、渡し場があったことが知られ、通行量が増加したことから係留する船の数を２艘から４艘にするよう指示しています。これは陸地化が進んだ東京低地の地域に村ができ、地域が形成してきたことをとらえ、現在の千葉県市川市にあった下総国府への街道を開こうとしたことから、平安時代には東海道ができ、上記の太政官符が発令された頃には、街道が開かれていたことを示しています。

隅田宿は、官道としての東海道と、隅田川の水上交通とが交錯する場所だったことから重要な役割を担うことになりました。鎌倉時代の歴史書『吾妻鏡』では、治承4（1180）年に源頼朝が安房国から再び挙兵し、この宿に布陣したと伝えています。

3．伝説と隅田川～隅田川を渡る隅田宿から古代東海道へ～

隅田宿の渡し場から北へ進み、木母寺の場所を東へ向かうと東海道に入ることができます。寺の場所は現在より東寄りで、「榎本武揚像」が立つ梅若公園の周辺です。

木母寺は、平安時代中期の貞元2（977）年に天台宗の僧、忠円阿闍梨が梅若丸の供養のために建てた念仏堂が起源とされています。

謡曲（能）「隅田川」（平安時代、京で人買いにさらわれた梅若丸が、坂東の隅田川のほとりで亡くなり、捜し歩いた母がその死を知り菩提を弔う物語）で有名な「梅若伝説」ゆかりの寺で、今でも梅若塚・梅若堂が伝えられています。

謡曲などで取り上げられたことから、都の人にもこの寺は知られることになりました。また一方では、東海道の隅田川東岸の「入り口」として意識された「目印のような」木母寺だからこそ文芸の世界で取り上げられたのかもしれません。都から誘拐された少年が登場するストーリーも、この地が水上・陸上交通の要衝だったからこそ、この場所が舞台となったとも考えられます。

隅田宿よりさらに上流には、鐘ヶ淵（かねがふち）があります（51頁参照）。隅田川が直角のように屈曲し、そこに北東から綾瀬川が流れ込むところで、流れが変わり行き交う舟にとっては難所とされていました。鐘ヶ淵の由来の一つは、川が直角のように屈曲するところから大工の曲尺（かねじゃく）の淵に由来する説と、もう一つはそこで波が荒く流れが変わりそうな、危険な日には川底に沈む鐘がゴーン、ゴーンとまさに警鐘を鳴らして舟に危険を知らせてくれた、という鐘ヶ淵伝説が伝えられています。これも盛んな水上交通をうかがわせるエピソードと捉えることもできます。

4．江戸の信仰・行楽地～浅草の向かいに～

江戸時代に入り、向島は江戸の郊外としての歴史をたどることになります。江戸の中心部となった神田・日本橋よりもはるかに歴史は古いのですが、相対的に城下町・江戸の外周部と位置づけられました。

しかし、江戸より古くからの寺社が多い向島には、多くの人が訪れ、一帯が江戸名所として、その名を高めていきました。木母寺・水神社（現隅田川神社）・白鬚神社・弘福寺・長命寺・三囲神社・牛御前（牛島神社）といった寺社が点在し、文化元（1804）年に骨董商の佐原鞠塢が開園した向島百花園には、加藤千蔭・村田春海・大田南畝・亀田鵬斎・酒井抱一・谷文晁等多くの文人が訪れ、サロンのような場となり、そこから隅田川七福神も生まれました。また、隅田川対岸には浅草寺・待乳山聖天があり、これを吾妻橋と竹屋の渡しが結んでいて、人々の往来の便に寄与していました。

江戸中期の８代将軍徳川吉宗の時代に植えたという桜並木も、こうした歴史の奥行に花を添え、人を集めることになりました。大川橋は吾妻橋の旧名です。『江戸名所図会』「大川橋」（50頁参照）は、浅草付近から隅田川の上流を描いています。両岸には寺社名が記されていますが、この風景こそ大都市江戸が開かれる前の、この地域で開かれた場所でした。

東京低地

中世以前の江戸周辺の中心
　柴又・立石・奥戸・小岩

隅田川・中川などの流路を形成

現在の東京都中央区・港区は多くが海底

図１　2000年前の東京低地

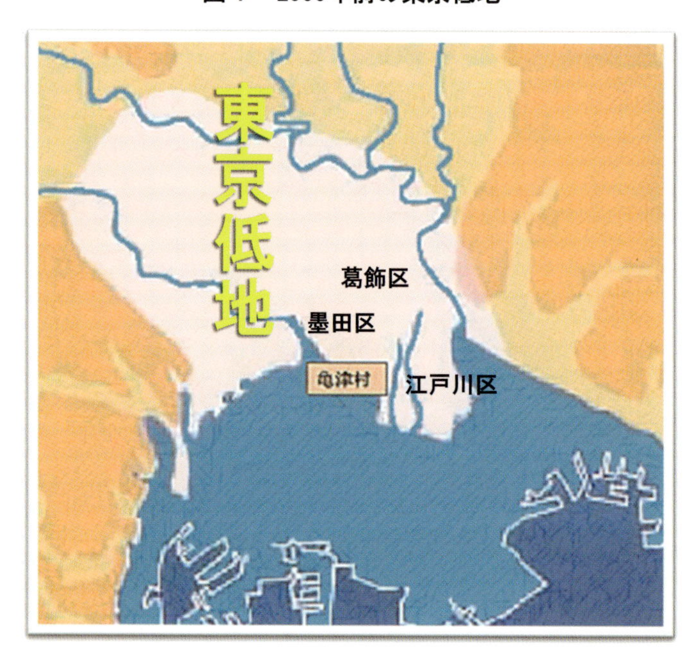

『江戸名所図会』「大川橋」（天保７（1836）年）

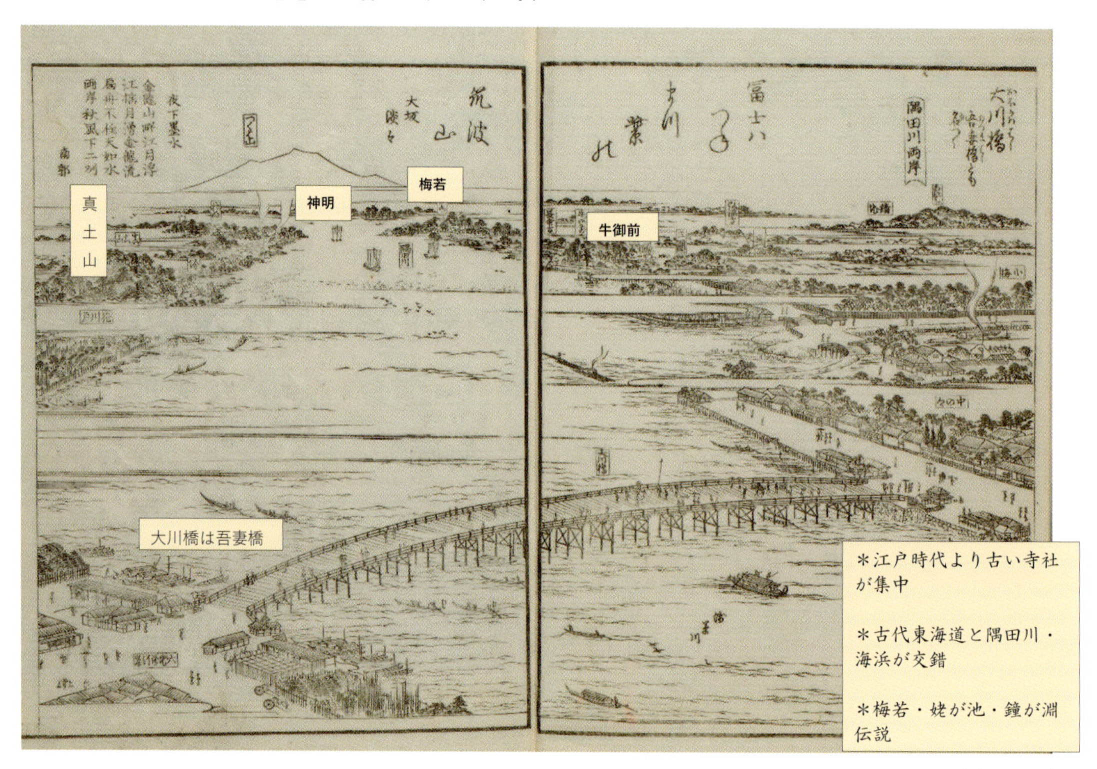

https://dl.ndl.go.jp/pid/2563398/1/3を加工して作成

伝説の地① 鐘が淵伝説

1　隅田川の交通　古代東海道と交錯
　蛇行・屈曲する流れ→曲尺（かねじゃく）の淵

2　「沈鐘伝説」
　隅田川と綾瀬川の合流点付近
　「鐘」の由来　石浜城内の念仏堂　千葉氏が支配
　この念仏堂が、元和元（1616）年、亀戸の普門院で
　復活の説がある

48頁、隅田川向島コースの歴史「3．伝説と隅田川
～隅田川を渡る隅田宿から古代東海道へ～」参照

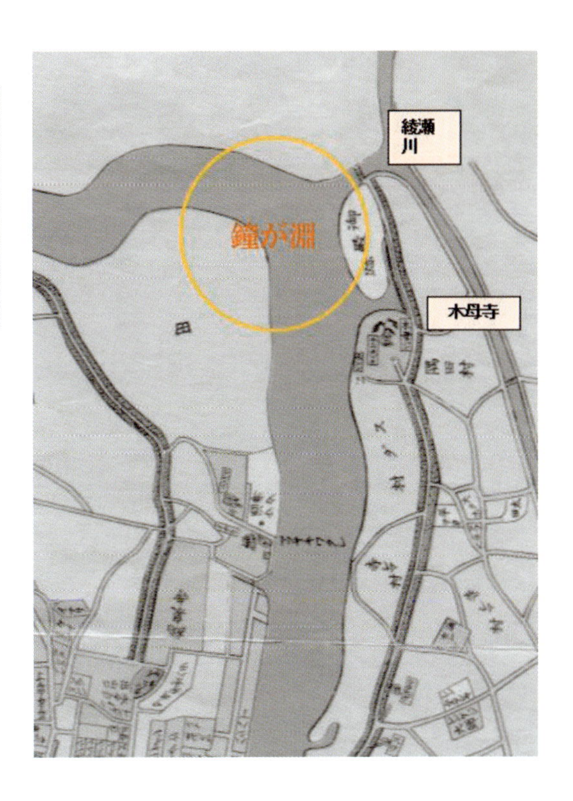

伝説の地② 梅若伝説

梅若丸　京都吉田少将惟房卿の子
　　　　人買いにさらわれて隅田川畔で亡くなる
　梅若を探して追ってきた母は、亡くなったことを
　知り落髪して妙亀尼に
　悲しみが癒えず、鏡ヶ池に身を投じたともいう

梅若塚　木母寺　貞元2（977）年創建
　　僧忠円が里人と梅若を埋葬

物語の背景（推理）
　古代東海道と隅田川辺境の東国でも交通の要衝

梅若寺＝木母寺
　隅田川以東の東海道の始まりに位置する都にも知られた寺院

『江戸名所図会』
「信夫藤太にさらわれる梅若丸」（部分）天保７（1836）年

出典：国立国会図書館ウェブサイト
（https://dl.ndl.go.jp/pid/2563398/1/25）

『江戸名所図会』「木母寺梅若塚水神宮若宮八幡」　天保７（1836）年

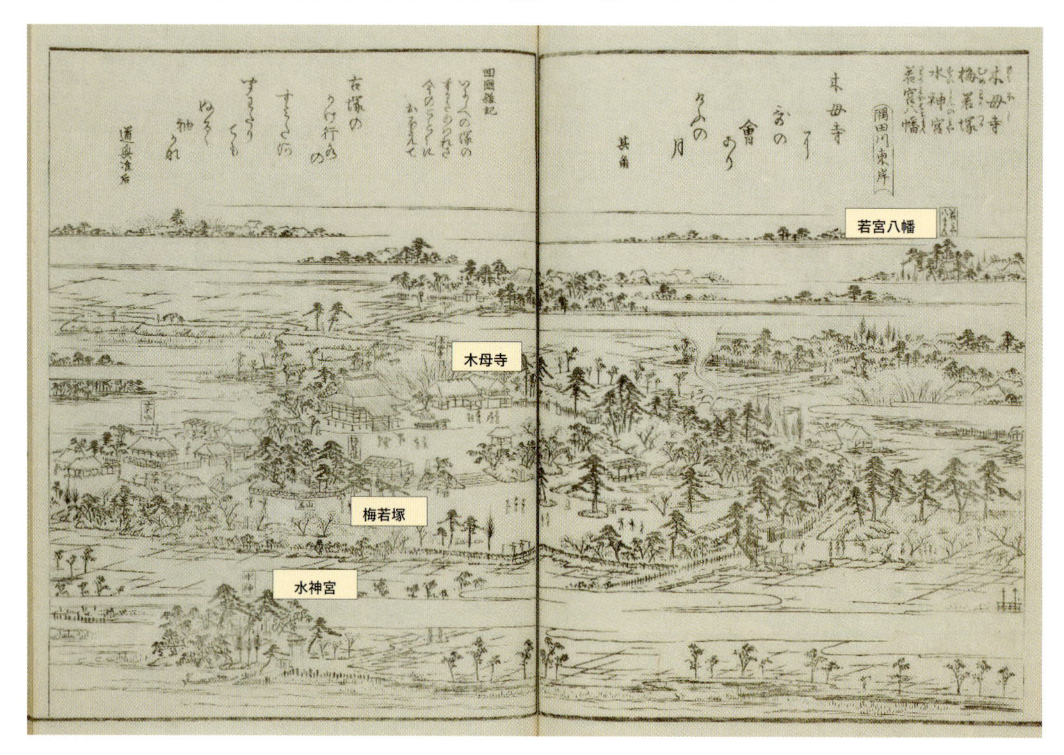

https://dl.ndl.go.jp/pid/2563398/1/23を加工して作成

『絵本江戸土産』「木母寺料理屋御前栽畑内川」　嘉永３（1850）年

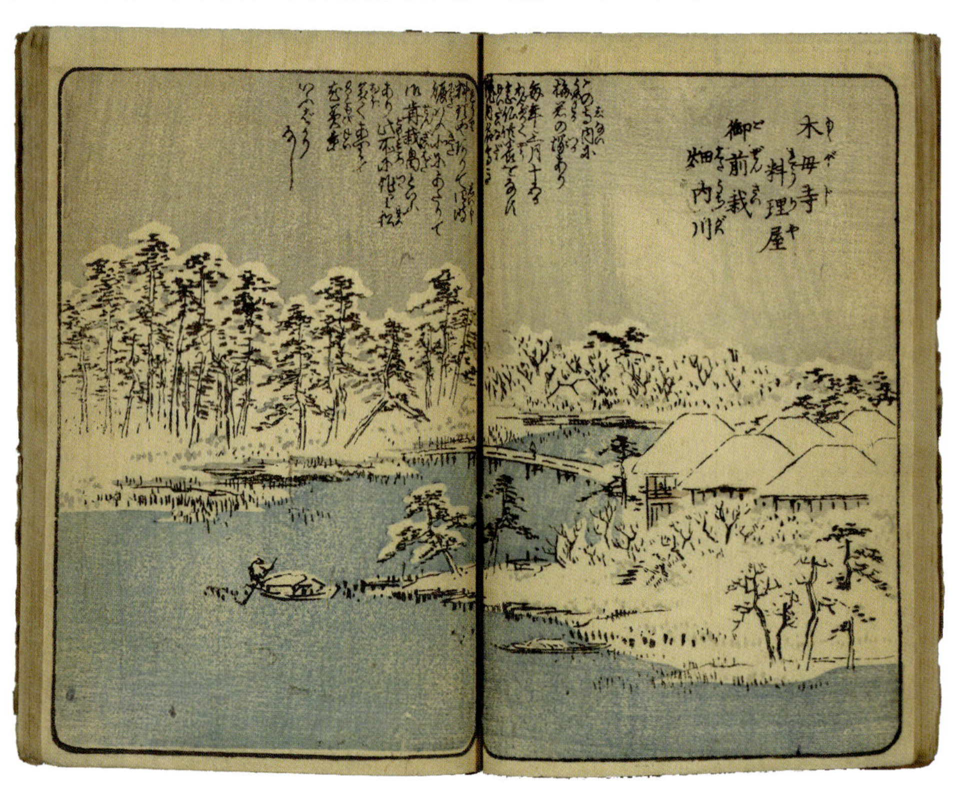

出典：国立国会図書館ウェブサイト（https://dl.ndl.go.jp/pid/8369306/1/12）

『東都名所ノ内』「隅田川八景木母寺秋月」　天保年間（1830〜44頃）

『絵本江戸土産』「水神乃森真崎乃社」　嘉永３（1850）年

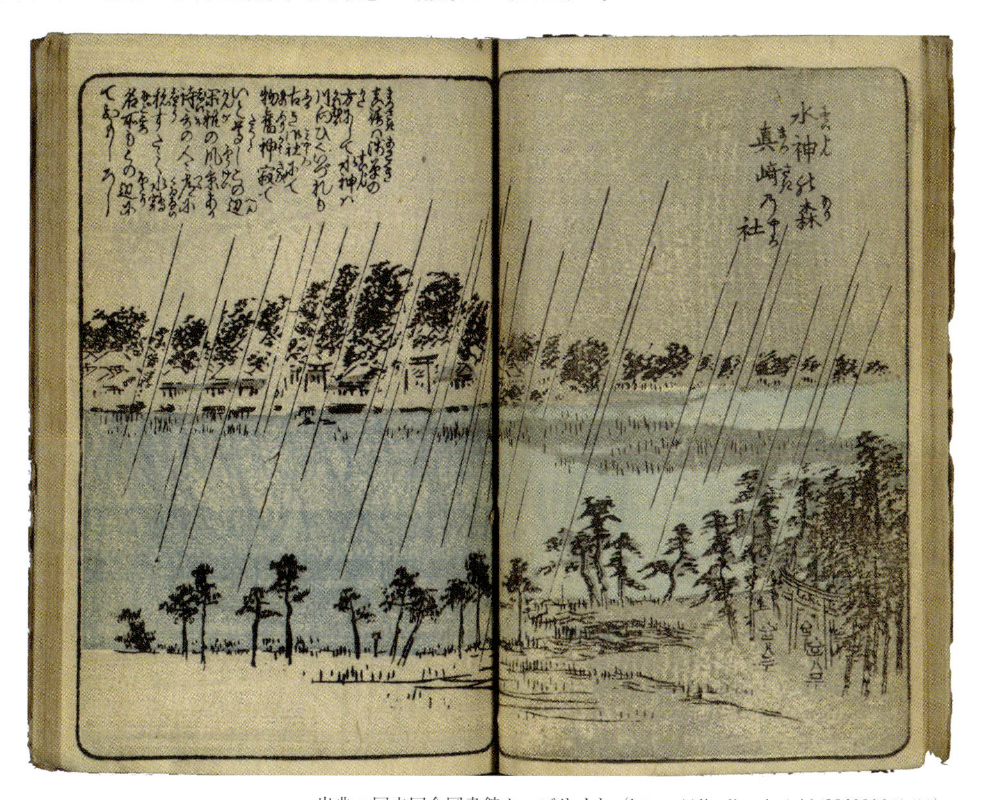

出典：国立国会図書館ウェブサイト（https://dl.ndl.go.jp/pid/8369306/1/11）

隅田川向嶋絵図　安政３（1856）年

向島

江戸の郊外にあり、古くからの寺社が点在する桜の名所でした。田園風景の中の行楽地として栄えました。

※元の絵図は、江戸城方向である西を右に南を上に描かれていますが、現在の地図に合わせて北を上にしました。

出典：国立国会図書館ウェブサイト（https://dl.ndl.go.jp/pid/1286678）

『絵本江戸土産』「花屋敷秋乃花園（向島百花園）」嘉永３（1850）年

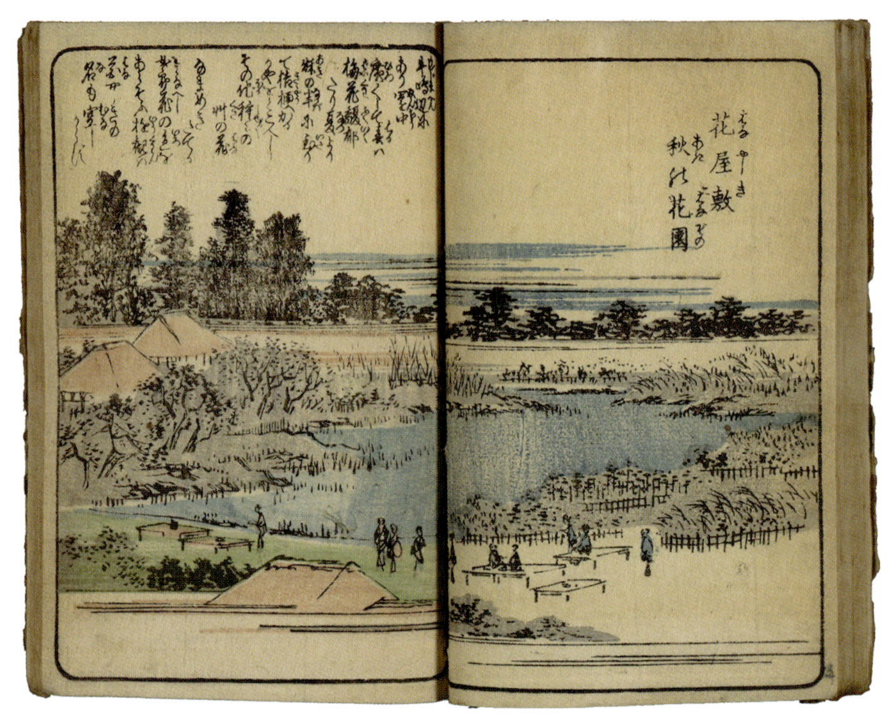

出典：国立国会図書館ウェブサイト（https://dl.ndl.go.jp/pid/8369306/1/13）

『江戸名所図会』「白鬚明神社」　天保７（1836）年

48頁、隅田川向島コースの歴史「4．江戸の信仰・行楽地～浅草の向かいに～」参照

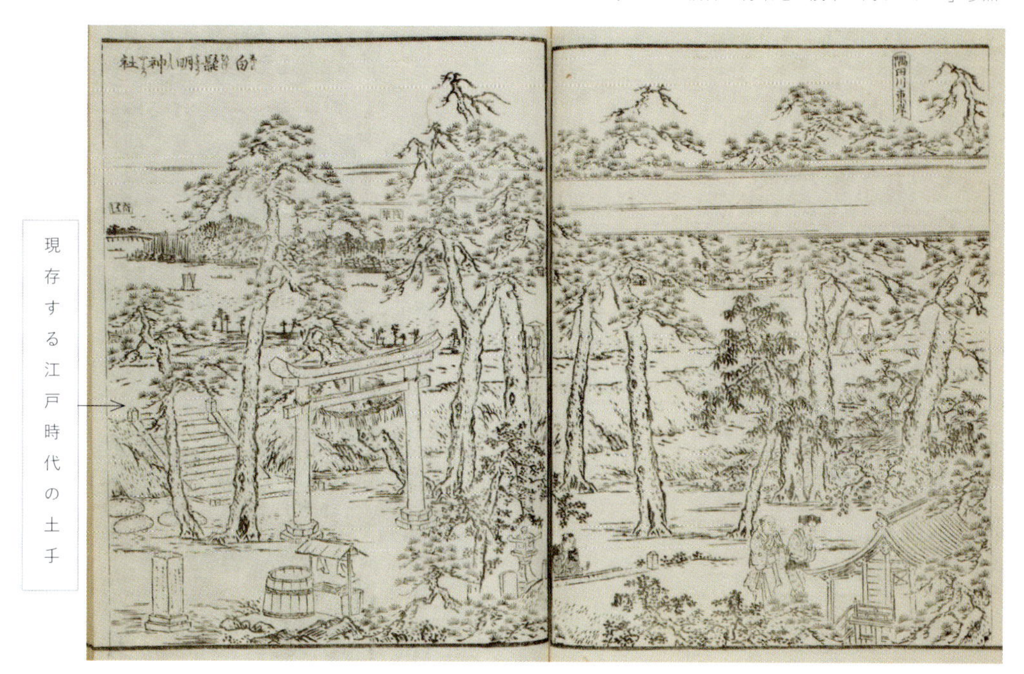

https://dl.ndl.go.jp/pid/2563398/1/15を加工して作成

『江戸名所図会』「三囲稲荷社」　天保７（1836）年

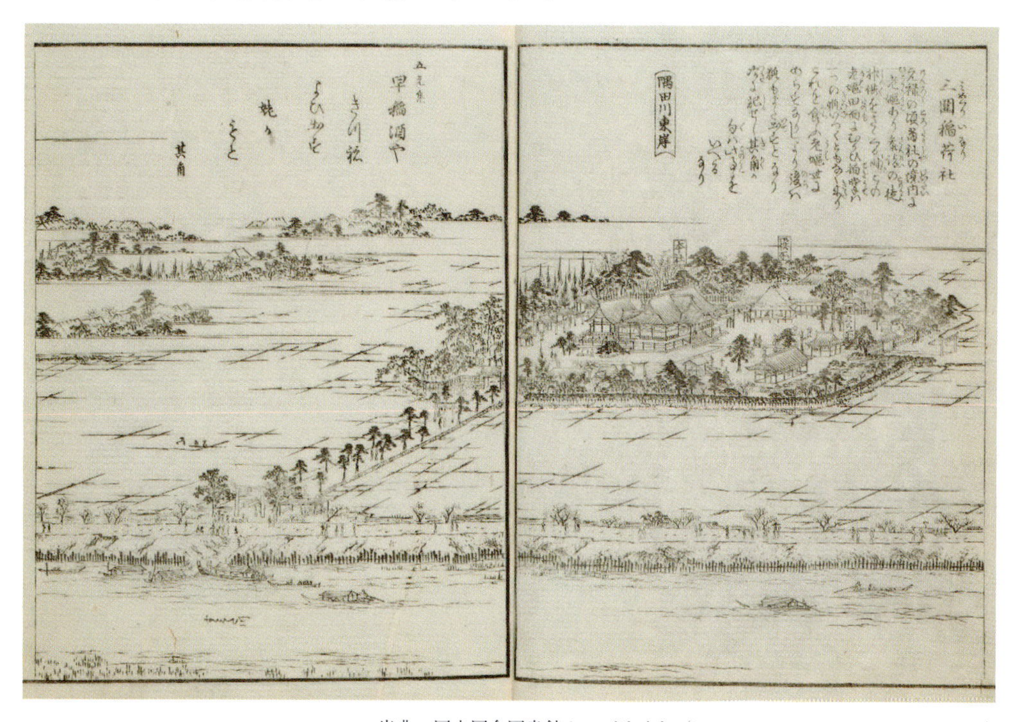

出典：国立国会図書館ウェブサイト（https://dl.ndl.go.jp/pid/2563398/1/4）

『絵本江戸土産』「三囲稲荷」　嘉永３（1850）年

出典：国立国会図書館ウェブサイト（https://dl.ndl.go.jp/pid/8369313/1/7）

『東都名所』「三囲社待乳山を望む」　天保３（1832）～天保10（1839）年

『東都名所ノ内　隅田川八景三囲暮雪』

『銀世界東十二景　隅田川両川岸一目の月』

出典：国立国会図書館ウェブサイト（https://dl.ndl.go.jp/pid/1308297）

参　考

■ 都営白鬚東アパート（防災団地）（参考１）

都営白鬚東アパート（通称・防災団地）は、東京都墨田区堤通にある住宅団地で、都営住宅を主として計18棟が連なります。東京都が昭和44（1969）年に策定した「江東再開発基本構想」において防災拠点に位置づけられた６地区のうちの一つ。この白鬚東地区は、鐘ヶ淵紡績東京工場跡地を東京都が買収し、再開発が計画されました。昭和47（1972）年９月に白鬚東地区再開発事業として都市計画が決定され、昭和50（1975）年に着工、昭和57（1982）年に完成しました。

所在地：東京都墨田区堤通２丁目３番～８番

■ 榎本武揚（参考２）

幕末から明治にかけて活躍した幕府の幕臣及び明治政府の官僚で、旧宅跡が東京都墨田区向島５丁目12番にありました。

武揚は、天保７（1836）年、幕臣榎本武規の二男として江戸下谷御徒町に生まれました。11歳で昌平坂学問所入所、19歳で函館奉行に従い樺太へ行き、22歳で長崎海軍伝習所を卒業。26歳の時、幕府の軍艦開陽丸がオランダに発注されるのに伴いオランダへ留学。慶応３（1867）年、31歳で開陽丸艦長となりました。慶応４（1868）年（９月に明治へ改元）から明治２（1869）年５月まで旧幕府海軍を率いて奥羽から函館を転戦するも、同年５月18日に新政府軍へ降伏し東京で投獄されました。

獄中では、洋書や漢書を読むとともに、兄の家族へ石鹸や蝋燭の製法を手紙で伝えてもいました。明治５（1872）年、特赦を受け、北海道開拓使への出仕を皮切りに、明治７（1874）年１月に駐露（ロシア）特命全権公使に、明治15（1882）年５月に駐清（中国）特命全権公使に任命され、明治18（1885）年12月の内閣制度の発足に伴い逓信大臣に就任するとともに電気学会を設立し、旧幕臣の子弟のため徳川育英会を設立します。

さらに、明治22（1889）年３月に文部大臣、明治24（1891）年５月に外務大臣、明治27（1894）年１月に農商務大臣と要職を歴任しますが、明治30（1897）年３月の足尾銅山鉱毒事件を契機に農商務大臣を辞任します。明治38（1905）年10月には海軍中将を退役し、明治41（1908）年10月に死去（享年73歳）。墓所は東京都文京区の吉祥寺にあります。

■ 木母寺（参考３）

東京都墨田区にある天台宗の寺院。平安時代中期の貞元２（977）年に天台宗の僧、忠円阿闍梨が梅若丸の供養のために建てられた念仏堂が起源とされています。

謡曲（能）「隅田川」（平安時代、京で人買いにさらわれた梅若丸が、坂東の隅田川のほとりで亡くなり、捜し歩いた母がその死を知り菩提を弔う物語）で有名な「梅若伝説」ゆかりの寺です。また、江戸時代は境内に徳川家の御殿がありました。

昭和50（1975）年、都営白鬚東アパート（防災団地）建設に伴う区画整理により、約150m東から現在地へ移転しました。

所在地：東京都墨田区堤通２丁目16番

■ 隅田川神社（参考４）

治承（1177～1181年）の頃、源頼朝が関東下向の折に暴風雨に遭い、ここで荒天の鎮静を祈願したと伝えられています。隅田川の鎮守として、船頭や船主などの荷船関係者に広く信仰され、明治５（1872）年に隅田川神社と改称しました。昭和50（1975）年、首都高速道路向島線や区画整理により約100m北東から現在地へ移転し、周囲の水神の森も昭和61（1986）年に東白髭公園として整備されました。

所在地：東京都墨田区堤通２丁目17番

■ 近代映画スタジオ発祥の地（参考５）

この場所に明治45（1912）年、国内の映画会社４社が合同し、日本活動フィルム株式會社（日本活動冩眞株式會社：日活）が設立されました。翌大正２（1913）年、この地に敷地面積900m^{2}の全天候型ガラスステージが建設されました。当時東洋一のスタジオと言われた日活向島撮影所では、代表作「カチューシャ」をはじめ、約760本にも及ぶ「向島作品」が制作されました。しかし、大正12（1923）年９月１日に発生した関東大震災によって倒壊し、閉鎖されました。

所在地：東京都墨田区堤通２丁目19番

■ 石浜神社（参考６）

白髭橋近くにある古社で、東京都荒川区内最古の神社。神亀元（724）年、聖武天皇の命によって創建されたと伝えられ、源頼朝が奥州征伐の際に戦勝を祈願するなど、関東武士の尊崇を集めました。

中世には一帯に石浜城があったとされ、神社の南側には石浜城址公園もあります。

所在地：東京都荒川区南千住３丁目28番

■ 白鬚橋（参考７）

隅田川にかかる橋で、明治通りが通っています。橋名は隅田川東岸にある「白鬚神社」（参考９）にちなんで付けられています。

大正３（1924）年５月に木造の橋が架橋されましたが、その後、明治通りの進捗に従い、昭和６（1931）年６月に現在の鉄橋に架け換えられました。

所在地：東京都墨田区堤通１・２丁目～同台東区橋場２丁目・同荒川区南千住３丁目

■ 法泉寺（参考８）

東京都墨田区にある曹洞宗の寺院で、晴河山法泉寺と称します。源頼朝に従って転戦し、初代奥州奉行で葛西氏の初代当主であった葛西三郎清重が両親供養のために鎌倉時代初期に建立しました。戦国期に入ると荒廃し、天文元（1532）年に吉祥寺２世大州安充がそれまでの真言宗から曹洞宗に改めて開山したとされています。

所在地：東京都墨田区東向島３丁目８番

■ 白鬚神社（参考９）

天暦５（951）年、元三大師良源により、近江国志賀郡境打巤（滋賀県高島市）琵琶湖湖畔に鎮座する白髭神社の分霊として祀られたことが起源と伝えられています。

東京都墨田区の旧寺島町の総鎮守にして、江戸時代後期に始まった初春（正月）の行事隅田川七福神巡りにおける寿老神（寿老人）をお祀りしていることで知られています。また、境内には、多くの古碑が集められています。

所在地：東京都墨田区東向島３丁目５番

■ 向島百花園（参考10）

仙台出身の骨董商・佐原鞠塢が、文化元（1804）年頃、交遊のあった江戸の文人墨客の協力を得て、寺島村にあった旧多賀氏所有の屋敷跡地3000坪を買い取り、花の咲く草花鑑賞を中心とした「民営の花園」を造り、開園しました。その後、「百花園」の命名者となった絵師の酒井抱一や「百花園」の門の額を書いた狂歌師の大田南畝などの文人墨客のサロンとして利用され、11代将軍徳川家斉や12代将軍徳川家慶も訪れています。

しかし、明治43（1910）年以降、度重なる水害の影響で荒廃し、昭和14（1939）年に東京市の所有する公営の公園として出発することになりますが、さらに昭和20（1945）年の東京大空襲により、庭園が焼失してしまいます。戦後の昭和24（1949）年に復旧・開園され、昭和53（1978）年には文化財保護法により、再び国の史跡及び名勝に指定され、現在に至っています。

また、江戸時代後期に始まった隅田川七福神巡りは、ここに集まる文人墨客により初春（正月）の行事として行われたため、向島百花園には福禄寿が安置されています。さらに、園内には、多くの文人墨客の石碑が集められています。

所在地：東京都墨田区東向島３丁目18番

■ 桜橋（参考11）

昭和60（1985）年に架橋された、隅田川唯一の歩行者専用橋です。平面のＸ字形をしており、両岸の隅田公園を結ぶ役割を持っています。隅田川花火大会開催時には、付近が花火の打上場所（第１会場）となるため、橋上や周辺が立入禁止区域となります。

所在地：東京都墨田区向島１丁目５番～東京都台東区今戸１丁目１番

■ 三囲神社（参考12）

桜橋（参考11）と言問橋（ことといばし：隅田川にかかる橋。所在地：東京都台東区花川戸２丁目・浅草７丁目～東京都墨田区向島１・２丁目）の中間に位置する神社です。伝承によれば、文和年間（1352～1356）に近江国三井寺の僧・源慶が、この社の改築をしようと社地を掘り起こしたところ、地中から壺に収められた白狐にまたがる神像が見つかるとともに、どこからともなく白狐が現れ、その翁の神像の周りを３回回って去っていったことから、三囲神社の名称となったということです。

また、元禄６（1693）年に干ばつに見舞われた江戸では、俳人宝井其角が「遊（ゆ）ふた地（夕立）や田を見めくり（三囲）の神ならは」との一句を神前に奉納したところ、翌日雨が降ったことから、その霊験が広まったとのことです。

その後、享保の頃に三越を経営する三井家は、日本橋の北東（鬼門）の向島に位置し、三井の「井」を囲うという意味を表すということから、「三囲は三井に通じ三井を守る」として、三囲神社を江戸における守護社と定めました。現在も境内地に三井家の社殿が配置されるとともに、参道にライオン像（2009年に閉店した三越池袋店にあったライオン像）が奉納されています。

隅田川七福神巡りにおいては、大国神と恵比寿神が安置されています。

所在地：東京都墨田区向島２丁目５番

■ 待乳山聖天（参考13）

正式名称を「本龍院」といい、金龍山浅草寺の子院の一つです。隅田川西岸に小高い丘（待乳山・真土山ともいう）がありますが、この丘は推古天皇３（595）年に現れ、金龍が天より降りて、丘を守護したとされ、浅草寺の山号（金龍山）の由来となったと伝えられています。境内のあちこちに大根と巾着のシンボルを見ることができ、毎年１月に行われる「大般若講・大根まつり」も有名です。

所在地：東京都台東区浅草７丁目４番

■ 見番（参考14）

その地域の料理屋と芸者置屋と待合がつくる三業組合事務所の俗称で、江戸時代以降、芸者を登録し、宴会や客席に出る芸者の取次や玉代（芸者の出演代）の計算などの事務を扱った所をいいます。

■ 弘福寺（参考15）

正式名称は牛頭山弘福寺。江戸時代の延宝元（1673）年、印旛沼や手賀沼の干拓事業を手掛けた禅宗である黄檗宗の鐵牛禅師が開祖となり須田村から移転し、３代将軍徳川家光の側近であった稲葉美濃守が開基となり、黄檗宗の寺院として出発しました。

七堂伽藍の整った寺でしたが、江戸時代の度重なる大火や関東大震災で焼失し、現存の本堂などは昭和８（1933）年に再建されたものです。東京大空襲では幸いなことに被災しませんでした。本堂、山門、鐘楼などは、禅宗の中でも最も中国に近い宗派である黄檗宗特有の唐風結構です。

また、勝海舟が晩年に自らを語った記録『氷川清話』によると、勝海舟が若い頃参禅したことでも知られています。

隅田川七福神巡りにおいては、布袋尊が安置されています。

所在地：東京都墨田区向島５丁目３番

■ 長命寺（参考16）

正式名称は宝寿山長命寺。元は宝樹山常泉寺としていましたが、３代将軍徳川家光が鷹狩りの途中、軽い病でこの寺にて休息し、その際に寺僧孝海のすすめにより境内の般若水で薬を飲んだところ、すぐに治癒したので、家光の命により宝寿山長命寺に改められたとのことです。

初春（正月）の行事として行われている隅田川七福神巡りにおいては、弁財天が安置されています。

また、隅田堤側には、享保２（1717）年から塩漬けにした桜葉で餅に包んで売り出した「長命寺の桜もち」が有名です。
所在地：東京都墨田区向島５丁目４番

■ 言問小学校（参考17）

関東大震災から14年後の昭和11（1936）年12月、児童数の増加により当時の本所区長の申請を受けて設置されました。当時は、関東大震災を踏まえた耐震性が重視され、いわゆる復興建物として施工された結果、当時としては最新の鉄筋コンクリート造３階建てで、大きな窓を並べるインターナショナルスタイルの建物となりました。

この建物は、東京大空襲では幸いにも被災しなかったので、令和５（2023）年２月27日の官報告示により国登録有形文化財（建造物）となりました。
所在地：東京都墨田区向島５丁目40番

■ 秋葉神社（参考18）

往古、当地は五百崎（いおさき）の千代世の森と呼ばれ、正応２（1289）年に千代世稲荷大明神が創建されました。時代は下り江戸時代の元禄15（1702）年に修験者千葉葉栄が上州沼田城主本田正永の奉賛を得て社殿を造営し、秋葉稲荷両社と称するようになりました。その後、諸大名や江戸城大奥から庶民に至るまで信仰を集め、享保２（1717）年には神祇管領より正一位の宗源宣旨を受け、境内は紅葉の名所として知られるようになりました。社殿は、関東大震災と東京大空襲の二度とも被災し、昭和41（1966）年に現社殿が再建されました。
所在地：東京都墨田区向島４丁目９番

北十間川コース
～古代の伝説の地から新しいランドマーク・東京スカイツリーまで

この北十間川コースでは、①「第31景　吾嬬の森連理の梓」、②「第30景　亀戸梅屋舗」、③「第65景　亀戸天神境内」、④「第32景　柳しま」、⑤「第104景　小梅堤」の５景を巡ります（コースマップについては、65頁参照）。

まず、倭建命（日本武尊：ヤマトタケルノミコト）と弟橘媛（オトタチバナヒメ）の伝説を由来とする①「第31景　吾嬬の森連理の梓」の吾嬬神社に向かいます。

コース名の北十間川は、東京都墨田区の向島地区にある隅田公園の南側から隅田川と別れて、同区の押上地区にある東京スカイツリーの下を流れて、東京都江東区の柳島地区、亀戸地区を通り、旧中川へ入る区間の川の名称ですが、江戸時代には、この北十間川沿いに舟が行き交い柳島妙見、吾嬬神社、香取神社さらに東側の平井聖天に詣で、季節により亀戸梅屋舗の梅、亀戸天神の梅や藤の花見を経て向島や小梅地区の料理屋に行く行楽が定着していたことから、当時に思いを馳せながら②「第30景　亀戸梅屋舗」、③「第65景　亀戸天神境内」、④「第32景　柳しま」を順に巡ります。

また、⑤「第104景　小梅堤」の「小梅」地区は、かつては、曳舟川を挟んだ東側と西側及び北十間川を挟んだ南側と北側のあたりが「小梅町」と呼ばれましたが、平成24（2012）年に東京スカイツリーが完成し、変貌著しい地区となっています。現在、曳舟川は暗渠になって「曳舟川通り」となっていますが、東武スカイツリーラインの曳舟駅及び京成線の京成曳舟駅の由来となっています。

このコースは、北十間川沿いを東から西へ巡ることになりますが、『名所江戸百景』に展開する江戸の風情と現代の令和の風景をお楽しみください。

①　第31景「吾嬬の森連理の梓」

出典

①国立国会図書館ウェブサイト
（https://dl.ndl.go.jp/pid/1312267）
②国立国会図書館ウェブサイト
（https://dl.ndl.go.jp/pid/1312266）
③国立国会図書館ウェブサイト
（https://dl.ndl.go.jp/pid/1312301）
④国立国会図書館ウェブサイト
（https://dl.ndl.go.jp/pid/1312268）
⑤国立国会図書館ウェブサイト
（https://dl.ndl.go.jp/pid/1312340）

② 第30景「亀戸梅屋舗」

③ 第65景「亀戸天神境内」

④ 第32景「柳しま」

⑤ 第104景「小梅堤」

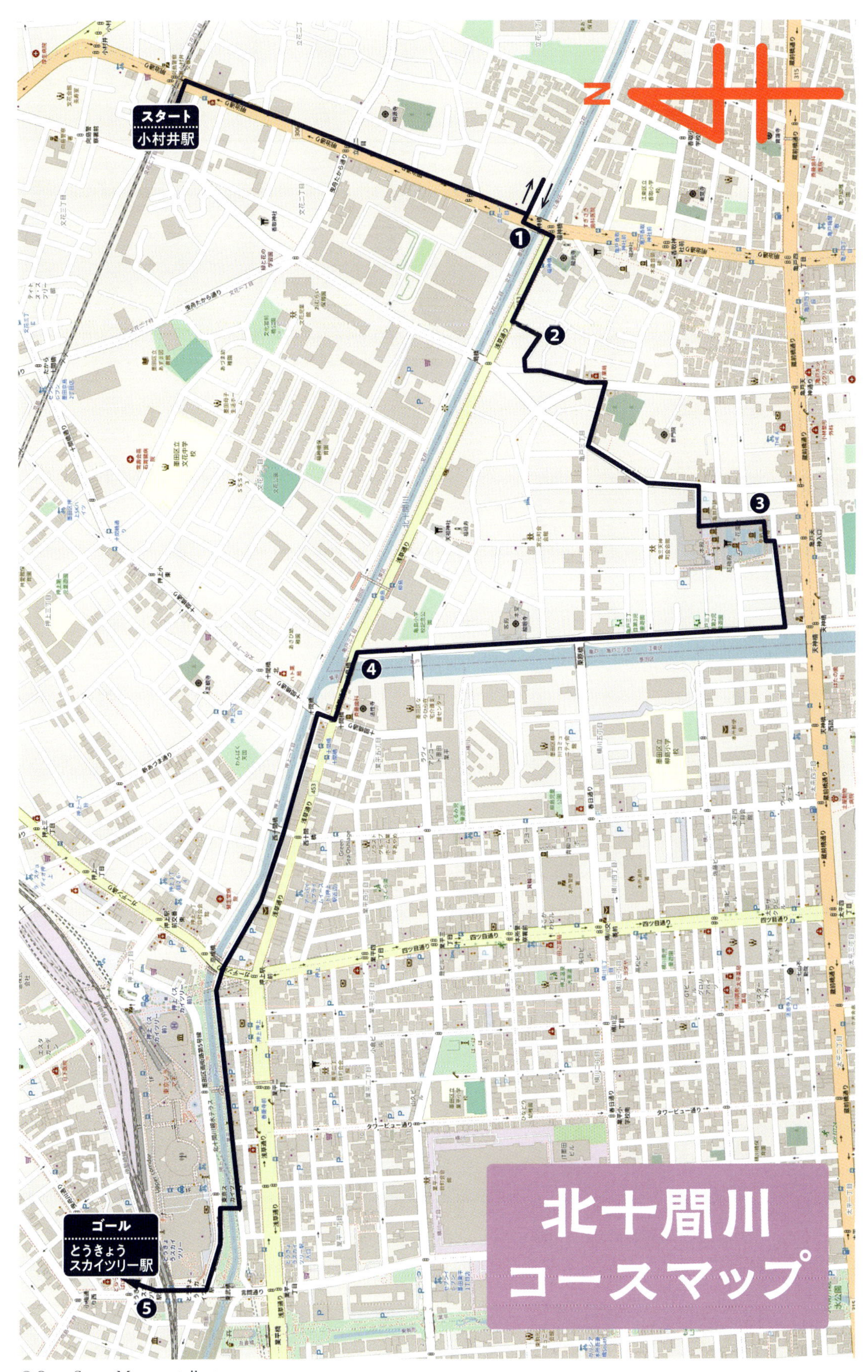

©OpenStreetMap contributors

この北十間川（参考１）コースのスタートは、東京都墨田区にある東武亀戸線小村井駅です。
曳舟方面ホーム後方にある改札口を出る（亀戸方面ホームも前方階段を使用して同じ改札口に出ます）と、すぐ前の横断歩道を渡り、明治通り（東京都道306号）を右手の亀戸方面に歩き始め２つのバス停留所を通過します。

小村井駅改札口

亀戸方面（１つ目のバス停留所付近）

約500m進むと、右側に洗剤等メーカーの花王の社屋が見えてきます。さらに進み福神橋北詰に到着したら、橋を渡らず左手に曲がり約30m進むと、「吾嬬神社（参考２）」の石塔に神域を示す玉垣と神社本殿への入り口に到着します。

亀戸方面（奥に福神橋が見える）

福神橋北詰

吾嬬神社入口

神社入口から北へ約50mで神社本殿があり、その右側に「神樟」石碑があります。

この「吾嬬神社」は、墨田区内の古社の一つで、ご祭神は弟橘媛（オトタチバナヒメ）と倭建命（日本武尊：ヤマトタケルノミコト）です。

現在の地域名「立花」や以前の「吾嬬町」の由来となった神社で、「立花」は、ご祭神である弟橘媛の「タチバナ」に由来しています。

「吾嬬」は、倭建命の相模から上総への東征時、海が荒れ、入水して海を鎮めた妻の弟橘媛を偲んで「吾が嬬恋し」と嘆いたことが由来とされています。

吾嬬神社社殿

さらに、ここに倭建命が食事に用いていた楠の木の箸２本を刺すと、やがて箸に根・枝が生じ、相生（あいおい）のご神木になったと言われて、江戸時代には「吾嬬の森　連理（れんり）の楠」として名所になりました。現在、楠は枯れて根の部分だけが境内に保存されています。また、この吾嬬神社には海上における安全祈願の習わしがあったことから、社殿後方に祀られている奥の宮は、本小田原町などの日本橋魚河岸の人々により建立されています。

「神樟」の石碑と現在の楠

本殿の後方にある奥の宮

この北十間川コースの最初の絵となる①「第31景　吾嬬の森連理の梓」は、この吾嬬神社を描いたものです。

推定描画地点は、吾嬬神社入口から福神橋北詰へ戻った後、明治通りを渡り、左手に進んで福神橋南詰付近の上空からの視点だと思われます。

参考地図①（青いポイントが吾嬬神社で、赤い矢印が①「第31景　吾嬬の森連理の梓」の推定描画方向）では、まだ明治通りが開通していない状態で、周囲には田が広がっています。しかし、右（東）側は、キャリコ（光沢のある綿生地織物）の会社があり、中居堀西側にはモスリン（木綿や羊毛などの梳毛糸を平織りにした薄地の織物）の会社が、既に記載されていて大正・昭和期の工場地域の萌芽が見られます。参考地図②では、キャリコの会社が東あずま駅下側の〒マーク付近になります。

参考地図①（明治42年測図）

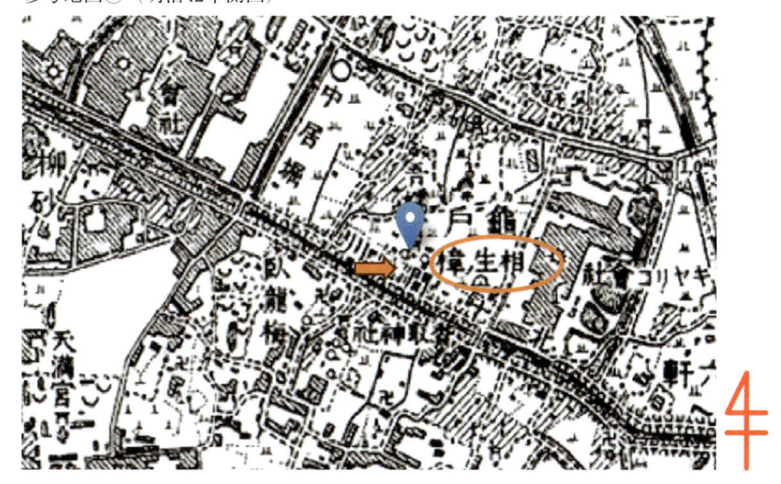

参考地図②（現在図）

① 第31景　「吾嬬の森連理の梓」
（安政３（1856）年７月　春の部）

この周辺は２千年前には海岸線で、「浮洲の森」「吾嬬の森」と呼ばれる微高地でした。
吾嬬神社においては、倭建命が妃の弟橘媛の供養に社を建て、箸にしていた楠（樟）を２本差したところ、大きく成長し、１つの根から２本の幹が生えているように見えることから、①「連理の楠」と呼ばれていました。現在の社殿内に「神樟」の石碑があります。

江戸時代になって北十間川が開かれ、土地を整備されました。この絵では、二艘の舟がすれ違った川が②北十間川です。現在、舟がある辺りは福神橋が架橋されています。

③参道の幟はご神木の楠の葉を煎じて飲むと、諸病に効くとされ、病が治ったら、お礼参りの際に赤い幟を奉納しました。

この絵の現在の風景はコチラ!!

『江戸近郊八景之内吾嬬社夜雨』　出典：国立国会図書館ウェブサイト（https://dl.ndl.go.jp/pid/1309714）

「江戸近郊八景之内吾嬬杜夜雨」（天保９（1838）年）でも広重は、ほぼ同じ場所を描いています。

①「第31景　吾嬬の森連理の梓」の現在の風景

残念ながら、現在吾嬬神社は白い９階建てのビルの向こう側になり直接見ることはできません。

次に、②「第30景　亀戸梅屋舗」の推定描画地点へ向かいます。

「福神橋」南詰の横断歩道を亀戸香取神社（参考３）側へ渡り、右手の「福神橋」バス停留所から、浅草通り（東京都道453号）を東京スカイツリー方向へ西に100mほど移動すると、街路樹の向こう側の植え込みに江東区教育委員会が設置した「梅屋敷跡」（参考４）の案内板があります。案内板は北十間川方向に向いていますが、当時の「梅屋敷」は、現在の浅草通りの南側一帯にありました（参考地図③の赤丸で囲った「臥龍梅」の辺り）。

明治43（1910）年の大水害により梅が枯れ、大正時代から現在に至り、木造家屋が立ち並ぶ一帯となっています。

浅草通りと福神橋バス停

「梅屋舗跡」案内板

「梅屋敷跡」案内板

当時の梅屋舗全体図（左上の青い部分が北十間川でその右が境橋）

しかしながら、その遺構を推測するものとして、梅屋敷伏見稲荷神社（前頁の全体図中央上部の赤い社殿）が挙げられます。「梅屋敷跡」案内板の手前の路地を左に曲がり、２つ目の路地を右に入り、さらに20mほど進んだ４軒目の奥に鎮座しているのが、梅屋敷伏見稲荷神社です。

２つ目の路地を右へ入ると鳥居が見える

参考地図③（明治42年測図）

参考地図④（現在図）

② 第30景 「亀戸梅屋舗」
（安政４（1857）年11月 春の部）

商人・伊勢屋彦右衛門の別荘（清香庵）が梅園として開放され、向島百花園（新梅屋敷）・小村井香取神社などとともに梅の花の名所になりました（梅園の全体図は、73頁参照）。
梅園は、明治43（1910）年の水害で梅が枯れて廃園になり、さらに周辺には、大正から昭和にかけて日立製作所亀戸工場、吾嬬製鋼、精工舎東京工場等が設立され、その関連企業も数多く存在したため、それらの施設に働く人々のための住宅街へ変わっていきました。

梅園の梅は300本ほどあったと言われており、梅干しも売られていました。 絵は、①「臥竜梅」のクローズアップを前面にして、左上は「臥竜梅」の②立札の一部を入れ、遠景には梅を見ながら散策する人びと、茶屋 の床几に腰掛けて休む人たちなどが描かれています。
この絵は「第58景　大はしあたけの夕立」とともに、ゴッホが模写したことでも有名です（「はじめに」参照）。

この絵の現在の風景はコチラ！

②「第30景　亀戸梅屋舗」の現在の風景

②「第30景　亀戸梅屋舗」の推定される描画地点は、梅屋敷伏見稲荷神社の周辺も含めて、想像していただくことになります。

次に、③「第65景　亀戸天神境内」の推定描画地点に向かいます。
梅屋敷伏見稲荷神社前の鳥居から、さらに路地を先へ20mほど進むと、右手から左手への一方通行のゆるい坂に出ます。その坂を左手に曲がると対抗車線のある通りに出ます。この対抗車線のある通りを150mほど歩道を歩くと右側に亀戸七福神で毘沙門天を祀る普門院（参考5）に至ります。このコースでは、すぐ前の横断歩道を渡り、対抗車線側の1つ目にある道（光明寺（参考6）の塀に沿う道）を右に入ります。

一方通行右手

一方通行左手

光明寺の塀に沿う道

光明寺山門

そのまま、左側に長く続く光明寺の塀に沿って向こう側の対抗車線のある道路まで歩きます。
道路に出たら左折し、光明寺の山門前を通過します。道なりに緩く左にカーブする所にある横断歩道を渡り、左手へそのまま歩くと、藤の名所として知られる亀戸天神社（参考７）の東門に達します。

亀戸天神社東門

東門から亀戸天神社に入り、本殿を背にして、左手の御嶽神社殿の前の道を南に向かいます。
神社域の南東の角の手前を右に見ると藤棚越しに大きな太鼓橋（男橋）が真横に見える地点があります。そこが③「第65景　亀戸天神境内」の推定描画地点になります（参考地図⑤、⑥）。
亀戸天神社も第二次世界大戦の戦災で焼失し、木製の橋もコンクリート製に変わりました。しかし、橋の基礎部分はそのまま残っていて、ここからの眺めは、池の風情も変わりなく、当時の面影が色濃く残っているところといえます。
また、参考地図⑤と⑥を比較すると、亀戸天神社の南側に紡績工場があり、横十間川の両側にも工場を示す地図記号があることから、明治時代の末には亀戸天神社の周囲に工場があったことがわかります。また、蔵前橋通り（東京都道315号。参考地図⑥中央の黄色い通り）が拡張され、亀戸天神社東側の旧道が接続し、亀戸天神社と紡績工場の周囲が区画整理されてきたこともわかります。

参考地図⑤（明治42年測図）

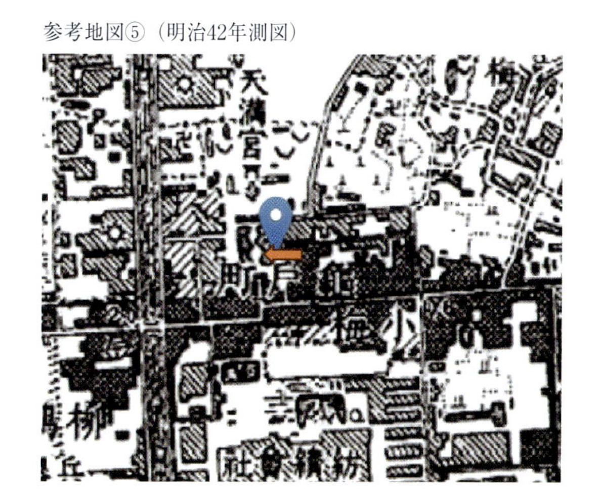

参考地図⑥（現在図）

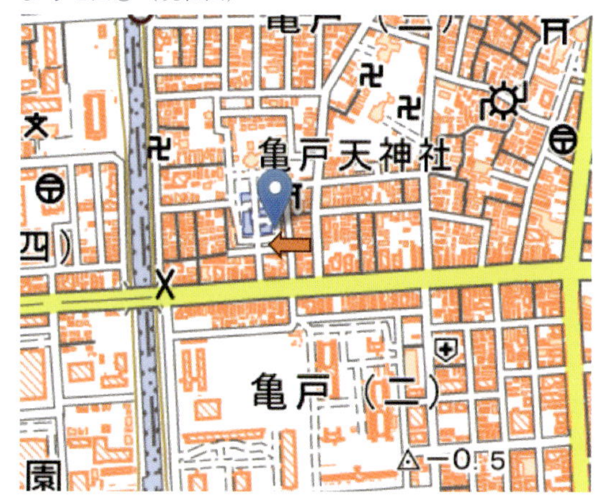

③　第65景　「亀戸天神境内」
（安政３（1856）年７月　夏の部）

歴史ある亀戸地域にあって亀戸天神社は、比較的新しい神社で、江戸時代初期の明暦の大火後に始まった、本所の開発の最中、1662（寛文２）年に、旗本・御家人が集住する武家地本所の信仰と行楽の場として創建されました。
境内西側に横十間川、北側に北十間川が整備され、船で訪れることも可能なことから、神田・日本橋からも参拝の人々が訪れました。
①藤は一度に多くの人が見られることから、池の周囲に植えられて、現在まで続いています。

絵は、満開の藤をクローズアップし、②男橋の東側から西側の茶店を描いています。
この絵の上方は、空の色は赤みがかった色ですが、初版後に刷られた絵は、青色になっています。

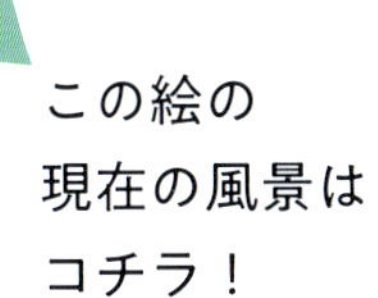

③「第65景　亀戸天神境内」の現在の風景

亀戸天神大鳥居

男橋南詰

大鳥居外の道を西へ

次に、④「第32景　柳しま」の推定描画地点に向かいます。亀戸天神神社域の南東の角から、大鳥居をくぐって、社域の外に出て大鳥居を背にして右手の道をそのまま３ブロック（約130m）進み、横十間川（参考８）の堤上に出ます。なお、１ブロック目を左に曲がると、蔵前通りに面して、くず餅で有名な「船橋屋本店」（参考９）があります。

亀戸天神からの道を横十間川の堤に上がり、天神橋を望む

横十間川北側の風景

栗原橋東詰

龍眼寺山門

堤上からは、左手に天神橋（参考10）、右手に横川の高層ビルが見えます。堤上に出たところから、横十間川に沿って右手（北側）に向かいます。栗原橋（参考11）東詰を通過すると、龍眼寺（通称：萩寺。参考12）の前を通り、神明橋（参考13）東詰まで約500m進みます。

神明橋東詰

参考地図⑦（明治42年測図）

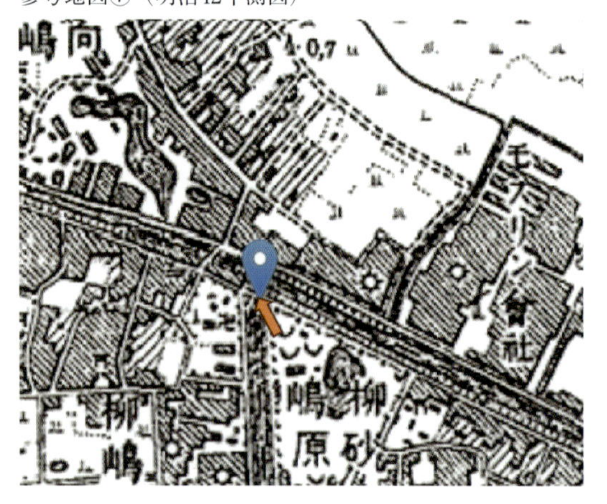

参考地図⑧（現在図）

この神明橋付近が、④「第32景　柳しま」の推定描画地点で、上空からの視点になります。

絵の中央部右側にある柳島橋は、現在青い水道橋の向こうになり、直接は見えません。また、妙見堂は現在左側の樹木の陰の建物になります。

④ 第32景　「柳しま」
（安政４（1857）年４月　春の部）

江戸時代初期に開削された横十間川と北十間川が合流する所で、西南の地に往古、柳が多かったところから柳島の地名となったといわれています。
古代・中世の頃は北十間川周辺が海岸線で、東南には亀津村（現在の東京都江東区亀戸）がありました。①柳島橋は、柳島地区（現在の東京都墨田区）と亀戸地区（現在の東京都江東区）の間に江戸時代に架けられました。

絵は、画面中ほどの川が②「北十間川」、下から中ほどの橋の下を流れるのが③「横十間川」（横は江戸城から東側を横に流れるところからといわれています）。左側赤い塀に囲まれているのが④柳島妙見で、中ほどの２階建ての建物が川魚料理の⑤「橋本」です。遠景は墨をちらした淡い色彩で縁どられ、左手に⑥筑波山、その手前に木立に包まれた 秋葉神社のある請地村の家々が、描かれています。

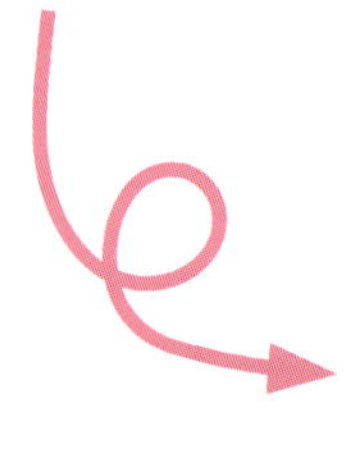

この絵の現在の風景はコチラ！

④「第32景　柳しま」の現在の風景

神明橋東詰からは、青い水道橋とその向こうに重なるように柳島橋（参考14）が見え、左手には茂った樹木が見えます。

柳島橋

柳島橋から望む東京スカイツリー

次に、⑤「第104景　小梅堤」の推定描画地点に向かうため、神明橋東詰から前方にある青い水道橋の先にある柳島橋に向かいます。柳島橋東詰から西には、くっきりと東京スカイツリーが正面に見えます。東京スカイツリーに向かうように柳島橋を渡り、柳嶋妙見山法性寺（通称：柳島妙見。参考15）の前を通ります。

柳島妙見山法性寺

十間橋南詰

十間橋南詰

正面に東京スカイツリーを望む

さらに進み、浅草通りと十間橋通りとの交差点をポストと「十間橋通り」と表示されている緑の案内柱のある歩道に渡り、その案内柱の先で十間橋南詰手前にある左側路地に入ります。
そのまま、道なりに進み、西十間橋南詰を通過します。

川岸テラスと東京スカイツリー

川岸テラスと京成橋

しばらくすると、東京スカイツリーが見え、北十間川の川岸テラスに下りる場所が現れます。そこをテラスに下ると左手に京成橋（参考17）が見えます。
道なり進み、京成橋の下を抜けると、東京スカイツリーと東京ソラマチの南側を流れるテラスに出て、さらに進むと「おしなり橋」に着きます。

おしなり橋

渡河用の浮橋（奥に見える青い橋が東武橋）

「おしなり橋」（人道橋）の下を抜けて、さらに進むと東武橋（参考17）の手前にある渡河用の浮橋に着きます。その浮橋を渡り、東武橋の方向に進むとすぐに右手に堤上に至る道があるので、そこを上がります。

堤上に上がる道

堤上への階段

東武スカイツリーラインのガード下に向かう横断歩道

道に上がってすぐの横断歩道を渡り、直進して東武スカイツリーラインのガード下を抜けて、最初の交差点に至ります。

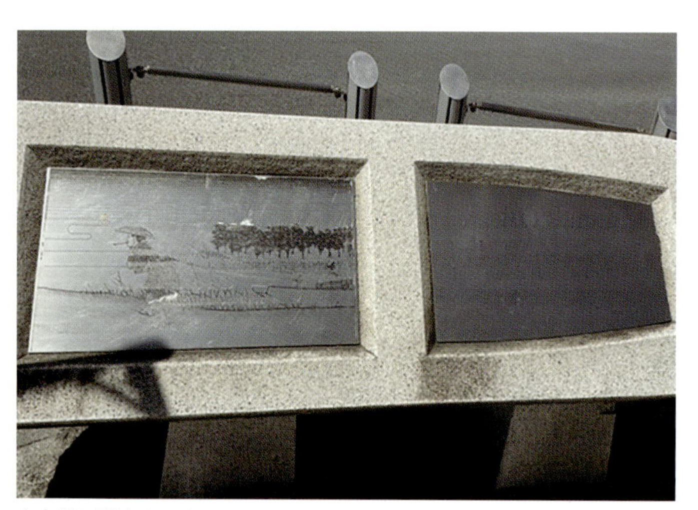

曳舟川に関するレリーフ

この交差点の道路際に「曳舟川（参考18）に関するレリーフ」が設置されています。東武スカイツリーラインの高架から交差点を直進する道路は、関東大震災後に言問橋へ開通した言問通り（東京都道319号）で、言問通りに交差しているのが、曳舟川通りです。

参考地図⑨（明治42年測図）

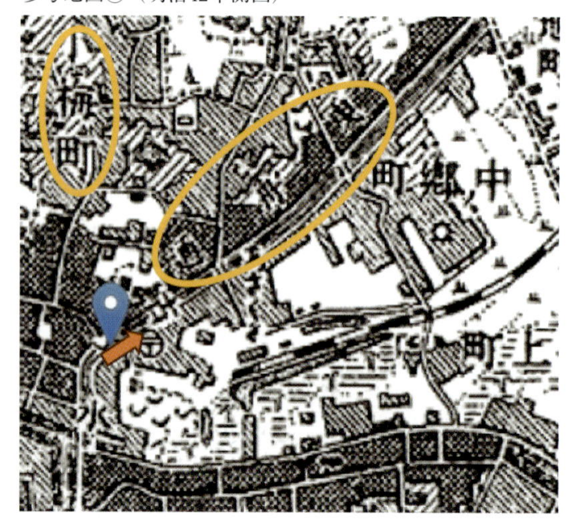

参考地図⑩（現在図）

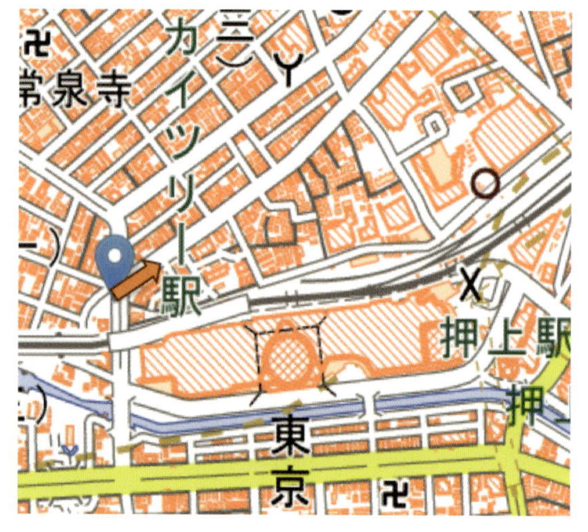

⑤　第104景　「小梅堤」
（安政４（1857）年２月　冬の部）

小梅村は、北十間川の北側で現在の東京スカイツリーの西側にあった近郊農村地区です。曳舟川（現在は暗渠となり道路として使用）が、古代・中世の海岸線だった北十間川から枝分かれして北東へ伸びています。
その曳舟川の始点近くの堤から北を望んで、曳舟川の堤を往来する人々を絵の中心にして、近郊農村の人々の穏やかな暮らしを老境に入った広重は「名所」として描いています。

①絵の推定描画地点は、現在の東京都墨田区押上２丁目１番地と考えられます。描かれている３本の土橋は、手前から八反目橋（２人が渡っている)、庚申橋、七本松橋です。彼方の視界の外には、４番目の橋（請地橋）が架かっていて、その橋を左手に行くと秋葉神社に着きます。絵の遠景の鳥の群れの下の松の木立が秋葉神社の杜と思われます。
②画面右手前の色づいた葉をつけた木々は、榛の木（ハンノキ）で、画面奥にも点在していますが、低湿地に自生し成長も早く、堤を侵食から守るだけでなく、収穫時の稲を干す稲架の材料にもなりました。画面右下あたりに、現在、東京スカイツリーがあります。

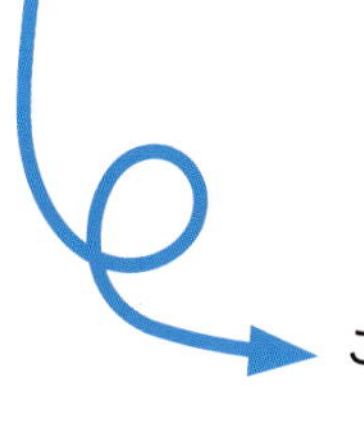

この絵の現在の風景はこちら！

⑤「第104景　小梅堤」の現在の風景

埋め立て前の曳舟川

埋め立て後の曳舟川

上下ともすみだ民俗資料館提供

曳舟川が暗渠化される前、この交差点付近には、八反目橋が架けられていて、⑤「第104景　小梅堤」の絵は、現在の「小梅児童公園」から北東を望んだ風景と推測されます。「小梅児童公園」は、「曳舟川に関するレリーフ」の言問通りに面して反対側になります。

小梅児童公園から東京スカイツリー

交差点から東武線高架を望む

北十間川コースのゴールは⑤「第104景小梅堤」です。
この「小梅児童公園」の右手に見えているガードを左手に進むと東武スカイツリーラインのとうきょうスカイツリー駅が、さらに、東京ソラマチを進んで東側の地下には東京メトロ半蔵門線・京成電鉄・都営浅草線押上駅があります。

北十間川コースの歴史

1．亀津村の誕生

「隅田川向島コースの歴史」でも紹介しましたが、縄文海進後に陸地化が進み、およそ2000年前から「東京低地」と呼ばれる土地が開かれていきました（50頁参照）。現在の東京都の葛飾・江戸川・墨田・江東の各区にあたりますが、その海岸線がおおむね東京都江東区亀戸付近だったと考えられます。

海岸線と言っても、その先（南）には深い海があったのではなく、現在の東京湾は遠浅の海でした。干潮時には陸地がつながるような島も点在していました。こうした海岸線と思われる地域に誕生したのが、亀津村（かむいじむら）（50頁の図1参照）です。101頁の図1は中世亀津村の想像図です。東京低地の墨田・江東付近の海岸線に沿うように村が開かれています。さらに、表1は、この想像図に示された寺社を含む亀戸周辺の寺社の一覧です。創建年代は古代から中世が続き、周辺地域と比べても早い時期の創建と伝えられる寺社が集中しており、吾嬬神社もその一つに含まれます。

こうした亀津村の歴史は、平安時代末から鎌倉・室町時代にかけて、東京低地周辺を支配した葛西氏が、この地域の33か村を伊勢神宮に寄進して葛西御厨（かさいのみくりや）と呼ばれる地域となったことが大きく影響しています。現在の町名にも見られる嶋俣（柴又）・渋江・立石・亀無（のち亀有）（以上、東京都葛飾区）、平井・小松川・一之江・篠崎・松本・小岩・今井（以上、同江戸川区）、寺島（東向島周辺）・小村江（小村井）（以上、同墨田区）、亀津村（のち亀戸）（同江東区）などの村々が挙げられています。

これらの村々の中で、亀津村はどのような位置にあったのでしょう。村名に「津」が付いていることから、港・河岸のような役割を担っていたと考えられます。亀津村の東端には中川（現在の旧中川）の河口がありました。その中川を遡れば、葛西御厨の村々が広がっています。亀津村は葛西氏が支配した葛西御厨の村々への海からの入り口に位置していました。伊勢神宮との関わりをもっていることを考えれば、葛西氏の本家にあたる豊島氏が石神井川流域を支配し、熊野神社との関係を強めていたことと共通しています。信仰・布教を兼ねて東国へやってくる人たちは、商業活動も行いました。あるいは先進地域の都からの品物がもたらされ、それを亀津村を経て中川沿岸の村々へともたらしていった、という推測も成り立ちそうです。

亀津村は、以後、亀島・亀井戸・亀戸と名を変えながら、南部への埋め立てが進む中、内陸の村へと変貌していきました。

２．江戸幕府による本所の開発と亀戸天神社の創建

明暦３（1657）年１月に発生した明暦の大火（振袖火事）では、主に隅田川の西側に拡大発展してきた江戸の市街地の多くが類焼しました。幕府は大火の原因が、都市の過密化によると考え、隅田川以東に市街地を拡大する計画を立てました。ことに幕府の直接の家臣団、旗本・御家人たちの住居を江戸城から離れた隅田川の東に開拓することを考え、開発に着手しました。

102頁の図２は元禄15（1702）年に作成された『改撰江戸大絵図』です。現在の東京都江東区を東西に流れる小名木川は、徳川家康が江戸入府後すぐに開かれた運河です。その北側、碁盤の目状に町割りがなされているのが旗本・御家人の屋敷地としての本所です。その東側（図２の右）には整然とした街区はありませんが、図２上部の北十間川に沿って、道が入り組んだ一帯があり、そのうちのひと筋の道が、右端の中川に沿って続き、小名木川辺りまで続いています。この辺りが、前述１の亀津村の地域であり、本所の開発の際にはすでに村・寺社があり「武家地・本所」に組み込めなかった所と考えられます。

もともと本所村があったのは、図２の左上、隅田川沿岸に複雑な道筋を残している一帯で、この付近を本所村（後に北本所村・南本所村）と呼んでいました。隅田川以東の開発にあたり、この「本所」という、その地域の中心をうかがわせるかのような「大きな名前」を採用して、地域全体の広域的な地名としたと考えられます。

町づくりにあたって、土地の開拓とともに川の開削が求められました。そこで竪川・大横川・横十間川・北十間川といった親骨となる川を開き、それに並行させて道路を通し、造られた街区に各武士の屋敷地を割り当てていくという手法がとられました。幕府は隅田川以東に移住する旗本・御家人への配慮からか、江戸城から本所を眺めた際の向きに合わせて竪・横の表現を川の名に刷り込んでいます。また両国橋を架けて本所から橋を渡り、徳川家康が開いた目抜き通りの本町通りを進めば、江戸城常磐橋御門まで到着できるという、幕府直臣として本所に暮らす旗本・御家人のプライドに配慮しています。

亀戸天神社も、本所の町づくりにあたって、両国橋を入り口と考えた際の地域の奥、横十間川の東側に寛文元（1661）年に創建されました。亀戸にとっては最も新しい神社ということになります。天満宮を勧請し、池を配した境内には梅・藤が咲き、鷽替え神事・初卯詣などの年中行事が開かれる場が新たに造られました。しかも神社がある亀戸は、亀津村以来の歴史があり、天智天皇４（665）年に創建されたといわれる亀戸香取神社や倭建命（日本武尊）や妃の弟橘媛の伝説がある吾嬬神社など、神話の世界に踏み込める地域でした。新たな武家地へ移り住んできた人々にとっては、神秘性や新鮮さが感じられる土地だったのでしょう。

また、図２を見ると分かるように（現在でも同じですが）多くの川筋は直線です。その中で北十間川はカーブしています。これは亀津村時代の海岸線の痕跡で、埋め立てが進んでも、元の水の流れを遮断しきれず、沼・池上の場所が点在していたことから、治水対策のために北十間川として土手を整備し、護岸を確定して開削したことからこのような形状になったと考えられます。

北十間川以北を流れていた曳舟川は、本所の開発・市街地化に伴う上水の確保のために開かれた本所上水が始まりで、上水廃止後は農業用水や運河として利用され、地域を支え続けた川でした。

本所は明暦の大火以降、新たに開かれた地域と従来からの地域が混在しています。西側の碁盤の目状の街区を持つ地域は、旗本御家人の屋敷町であり、東側はそれを支える食糧供給地域でした。この東側地域は江戸以前からの農村でしたが、本所の開発と同時期に東南側の海浜部に砂村新田が開発され、新たに食糧供給地に組み込まれました。「武家地＋食糧供給地としての近郊農村」ということから導き出された答えが本所という地域であり、開発プロジェクトの名称のように考えられます。

図１　中世亀津村想像図

表１　中世以前の創建された亀戸周辺の寺社

	地域	寺社名	宗派	創建年代	西暦	備　考
1	江東区亀戸３	天祖神社		推古朝	593～628	応永10（1403）年社殿造営
2	江東区亀戸３	龍眼寺	天台宗	応永２年	1395	のちに「萩寺」
3	江東区亀戸３	香取神社		天智天皇４年	665	東京都内屈指の古社 応安４（1371）年再建
4	江東区亀戸３	光明寺	天台宗	弘治元年	1555	
5	江東区亀戸４	東覚寺	真言宗	享禄４年	1531	
6	江東区亀戸４	常光寺	曹洞宗	天平９年	737	天文13（1544）年中興
7	江東区亀戸４	石井神社		弘仁２年	811	
8	江東区亀戸４	水神社		享禄年間	1528～32	享禄年間に周辺を開発
9	江東区亀戸９	浅間神社		大永７年	1527	笄塚が富士塚に
10	墨田区立花１	吾嬬神社		正治２年	1200	
11	墨田区立花１	慈光院	曹洞宗	永世11年	1514	

図２　『改撰江戸大絵図』　元禄15（1702）年

図３　『御江戸大絵図』　天保14（1843）年

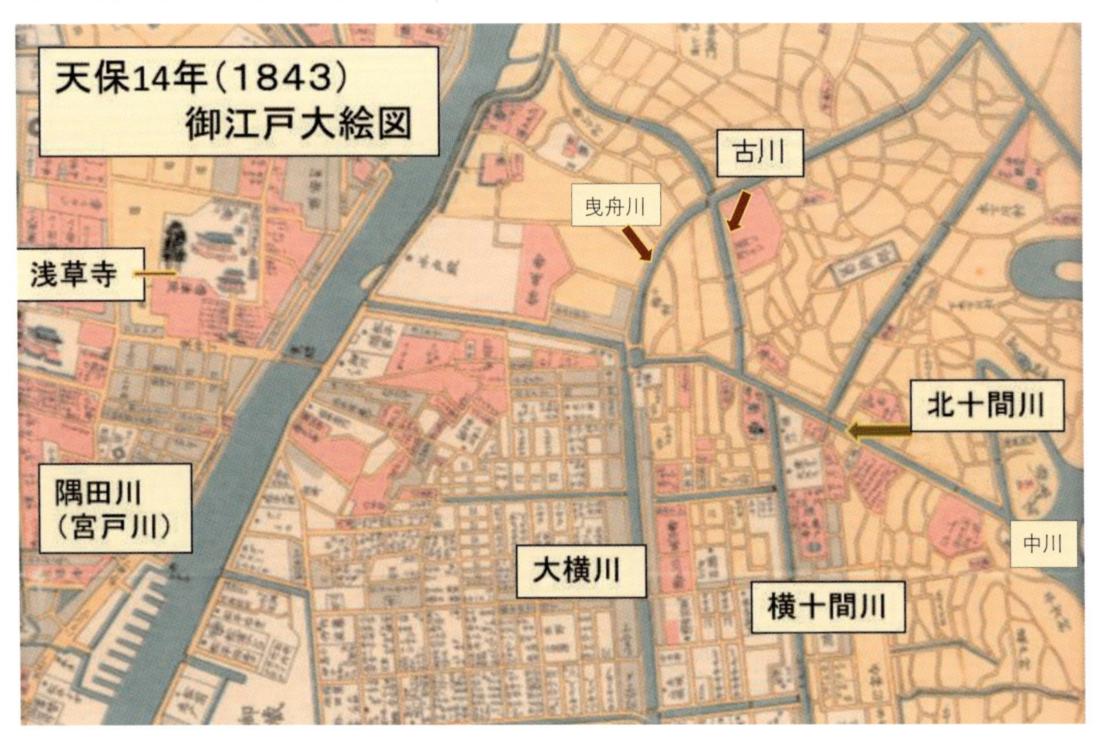

『江戸名所図会』「入神明宮　大平榎」　天保７（1836）年

神明宮　宮居は一堆（いったい）の塚上（ちょうじょう）にあり。相伝ふ、上古（いにしえ）この地は一の小島にして、そのめぐりは海面なりしと。…（中略）…　いまもこのあたりの地を穿（うが）てば、土中より漁網に具するところの碓（いわ）と名づくるもの出づるとなり。

江東区教育委員会蔵

『江戸名所図会』「吾嬬森　吾嬬権現　連理樟」　天保７（1836）年

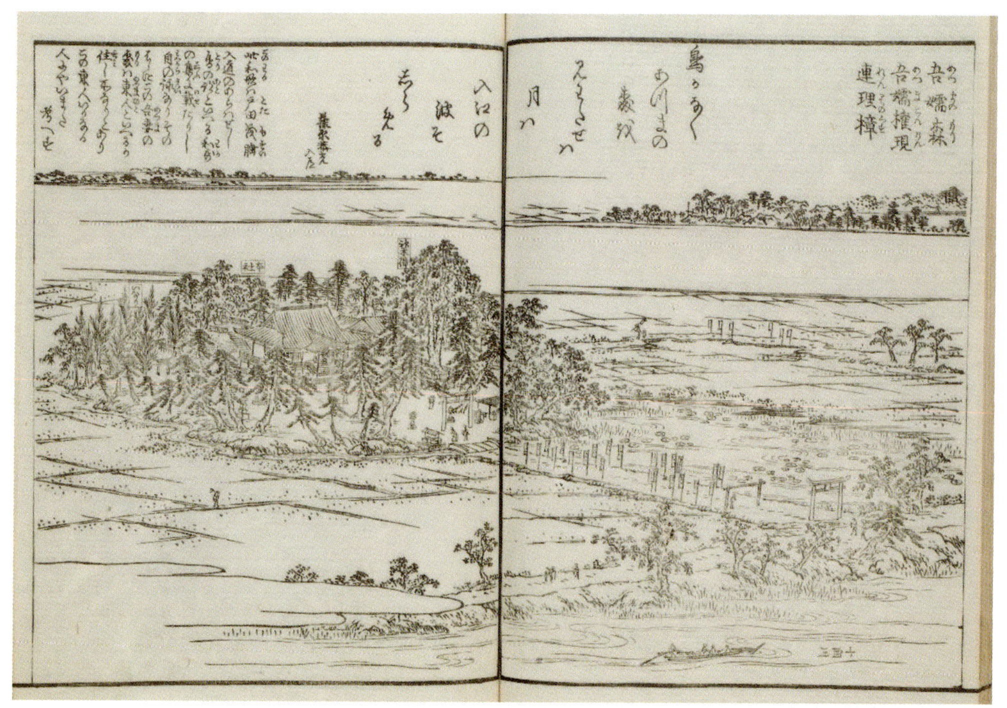

江東区教育委員会蔵

『江戸名所図会』「香取太神宮」　天保７（1836）年

江東区教育委員会蔵

『東都名所　亀戸藤花』歌川広重画

深川図書館蔵

『菅公一千年祭　亀戸天神図』　楊斎延一画　明治35（1902）年３月

深川図書館蔵

『東都名所年中行事』
「正月（かめいと初卯詣）」
２代歌川広重画

深川図書館蔵

亀戸天神初卯詣では、境内の御嶽神社の縁日。正月最初の卯の日に開催され、本殿以上の参詣客でにぎわいました。
背景に境内西側を流れる横十間川を配し、天神橋や川船が描かれています。

『東都三十六景』
「柳しま妙けん」
２代歌川広重画

中央の橋は、柳島橋。右手の二階屋は料理屋の橋本で、左手の赤い塀に囲まれているのが妙見堂。

『江戸名所図会』「柳島妙見堂」　天保７（1836）年

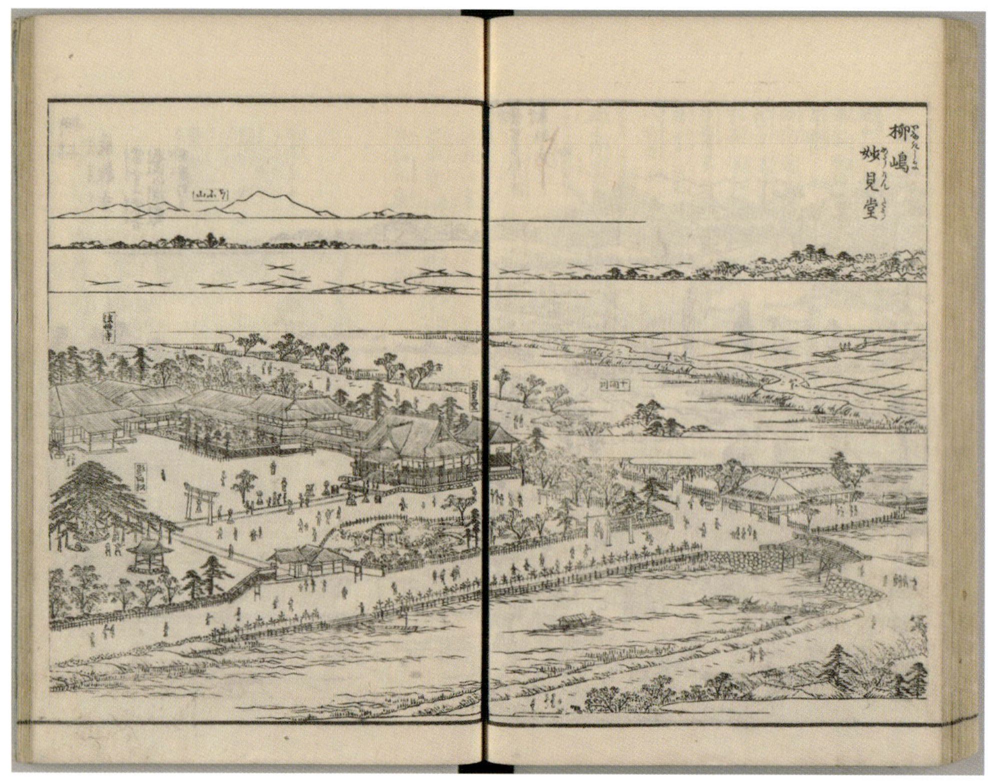

出典：国立国会図書館ウェブサイト（https://dl.ndl.go.jp/pid/2563397/1/69）

『絵本江戸土産』「柳嶋妙見乃社」　歌川広重画　嘉永３（1850）年

出典：国立国会図書館ウェブサイト（https://dl.ndl.go.jp/pid/8369306/1/14）

GAS MUSEUM がす資料館 柳島妙見
（井上安治作 明治時代初期）

中央都電の先が柳島橋、右側の北十間川の橋は十間橋（昭和30年代） すみだ民俗資料館資料

参考

■ 北十間川（参考１）

西の隅田川から東の旧中川まで江戸時代初期に開削された運河。明暦の大火後の本所開発の一環として、材木輸送のため「源森川」が万治年間（1658～1662）に開設され、農業用水のため「北十間川」が寛文３（1663）年に開設されました。しかし、隅田川増水時の洪水被害が起こったため、寛文12（1672）年に堤が築かれて明治時代に至ります。

明治18（1885）年に、住民の要請で分断されていた「源森川」と「北十間川」が接続され、これにより再び西の隅田川から東の旧中川まで水運で結ばれるとともに、明治32（1899）年に東武鉄道の業平橋駅（現東武スカイツリーラインのとうきょうスカイツリー駅）が開業すると、舟と鉄道の連携による物流が可能となり、川沿いのメリヤス工場等の稼働に重要な役目を果たしましたが、第二次世界大戦後は、自動車による物流が増大したため、現在の「北十間川」では、舟輸送の役目は果たされていません。

なお、以前は隅田川から横十間川の合流点までを「源森川」、それより東を「北十間川」と呼んでいましたが、現在すべてを「北十間川」と呼んでいます。現在、この川の名の由来は、本所の「北」を流れる幅「十間」の川であることからと言われています。隅田川から横十間川の合流点までは東京都墨田区内を流れ、東は同区と東京都江東区の区境となっています。

■ 吾嬬神社（参考２）

北十間川に架かる福神橋の東側に鎮守する神社。この辺りは、「吾嬬の森」または「浮洲の森」と呼ばれた微高地で、その地に祠があったことから後代「吾嬬の社」と呼ばれたと伝えられています。この「吾嬬神社」は、主祭神を弟橘媛（オトタチバナヒメ）とし、相殿に倭建命（日本武尊：ヤマトタケルノミコト）を祀っていますが、その縁起としては、いわゆる日本武尊伝説が挙げられています。いわく、倭建命が東征の折、相模国から上総国へ渡るため船で海上に出ると、にわかに暴風が起こり船の進行が危うくなったので、弟橘媛が海神を鎮めるために身を海中に投じると、海が穏やかになり船は無事着岸しました。しかし、弟橘媛は行方不明となり、倭建命は「吾嬬恋し（わがつまこいし）」と嘆き悲しみました。その後、弟橘媛の衣服がこの地に漂い着いたので、この衣服を納め、祠としたとされています。

社殿や神領については、鎌倉時代の正治元（1199）年に、北条泰時が幕下の葛西領主に命じて、社殿を造営し神領300貫を寄進したとの記録があります。また、江戸時代以前には、この辺りが海上からの目標としての役割があり、海上安全祈願の習わしがあったことをうかがわせる事物として、奥宮の奉納者に築地小田原町（現在の東京都中央区築地６～７丁目）や本船町地引河岸（同区日本橋本町）が含まれることから推測されます。

所在地：東京都墨田区立花１丁目１番

■ 亀戸香取神社（参考３）

北十間川に架かる福神橋の南西に鎮座する神社で、主祭神は経津主神（フツヌシノカミ）です。伝えられる縁起によれば、天智天皇４（665）年、東国に下向した藤原鎌足が「亀の島」と呼ばれていたこの辺りで船を着け、旅の安泰を祈願したことが始まりとされます。

その後、平安時代中期の平将門の乱の時、藤原秀郷（俵藤太）が、戦勝を祈願し、目的を果たしたところから、神恩感謝の奉賽として弓矢が奉納され、「勝矢」（かちや）と命名されました。それを起源とする「勝矢祭」が毎年５月５日に行われ、現在ではスポーツ振興の神として知られています。

所在地：東京都江東区亀戸３丁目57番

■ 亀戸梅屋舗（参考４）

江戸時代中期から明治43（1910）年まで北十間川の境橋の南東にあった梅園。本所埋堀（現在の東京都墨田区石原）の商人・伊勢屋彦右衛門の別荘で清香庵（せいきょうあん）と呼ばれましたが、梅屋敷の通称で有名になりました。なかでも、枝が地を這うように広がっていたところから水戸の徳川光圀により命名されたという「臥竜梅」が有名で、江戸近郊の行楽地として賑わいました。明治時代になっても賑わいましたが、明治43（1910）年８月の大洪水により亀戸・大島・砂村の全域が浸水し、この亀戸梅屋敷の梅も枯れて廃園となりました。

■ 普門院（参考５）

大永２（1522）年に三俣（現在の東京都足立区千住）に創建されたという説と、弘治元（1555）年に橋場（同台東区橋場）に創建されたという２つの説があります。その後、元和２（1616）年に亀戸へ移転した真言宗の寺で「福聚山普門院」と号します。移転の際、梵鐘を誤って隅田川に沈めてしまったことから「鐘ヶ淵」の由来になったといわれています。

亀戸七福神では、毘沙門天をお祀りしています。

所在地：東京都江東区亀戸３丁目43番

■ 光明寺（参考６）

戦国時代の弘治元（1555）年に僧慈宏により開山された天台宗の寺で「亀命山光明寺」と号します。墓地には、歌川国貞の墓があります。

所在地：東京都江東区亀戸３丁目42番

■ 亀戸天神社（参考７）

寛文２（1662）年、太宰府天満宮に倣い創建されました。太宰府天満宮の神官大鳥居信祐が、亀戸村で菅原道真の像を小祠に祀ったのを起こりとし、明暦３年１月18日（1657年３月２日）～20日（４日）に発生した明暦の大火からの復興を目指す江戸幕府は、本所を復興開発の地に定め、４代将軍徳川家綱は、その鎮守神として社地を寄進、心字池、太鼓橋をはじめ、社殿、楼門、回廊など大宰府天満宮に倣って造営されました。

所在地：東京都江東区亀戸３丁目６番

■ 横十間川（参考８）

北十間川の柳島から仙台堀川を経て、東京都立木場公園（東京都江東区木場４・５丁目、平野４丁目）西側で大横川に接続する運河です。万治２（1659）年に開削され、当初天神川と呼ばれましたが、江戸城に対して横に流れ、川幅が十間であることから横十間川へ名称が変更されます。場所によっては、天神川、釜屋堀、横十間堀、横十間堀川とも呼ばれています。

現在、柳島から竪川合流点までは、西側が東京都墨田区、東側が同江東区の区境となっており、その南側は江東区を流れ、仙台堀川以南は親水公園となっています。

■ 船橋屋本店（参考９）

船橋屋は、文化２（1805）年に亀戸天神参道に創業した、くず餅・あんみつ等の製造販売を行っている老舗メーカーです。乳酸発酵させた小麦でん粉を原料として作る「くず餅」は関東で親しまれ、江戸時代から亀戸天神社や池上本門寺、川崎大師などの門前で販売されてきました。なかでも、亀戸・船橋屋の「くず餅」は人気を集め、作家の芥川龍之介・永井荷風・吉川英治等も足を運んでいました。

所在地：東京都江東区亀戸３丁目２番14号

■ 天神橋（参考10）

万治２（1659）年に開削された横十間川の現在地に亀戸橋が架橋され、亀戸橋は寛文３（1663）年に天神橋へ名称変更されました。昭和５（1930）年に関東大震災の震災復興橋梁として鉄橋に架け替えられました。

■ 栗原橋（参考11）

大正７（1918）年、横十間川の現在地に架橋されました。橋名は、横十間川の西側にあった栗原紡績に由来します。昭和５（1930）年、天神橋と同様、関東大震災の震災復興橋梁として鉄橋に架け替えられました。

■ 龍眼寺（参考12）

室町（南北朝）時代の応永２（1395）年に良博大和尚により開山され、「慈雲山柳源寺」と号しましたが、その後眼病平癒の観世音信仰が高まり「慈雲山龍眼寺」と改名しました。さらに、江戸時代初期に萩を諸国から集めて境内に植えたことから、「萩寺」として有名になりました。

亀戸七福神では、布袋尊をお祀りしています。

所在地：東京都江東区亀戸３丁目34番

■ 神明橋（参考13）

横十間川の現在地に、昭和６（1931）年に関東大震災の震災復興橋梁として架橋されました。橋名は、亀戸神明宮にちなんで命名されました。

■ 柳島橋（参考14）

横十間川の現在地に、江戸時代初期に架橋されたといわれています。江戸時代から東側の亀戸村には、亀戸天神社、龍眼寺、梅屋敷、西側の柳島村には妙見堂、春慶寺など多くの名所があり、天神橋とともに名所めぐりへの重要な橋でした。昭和５（1930）年に関東大震災の震災復興橋梁として鉄橋に架け替えられました。

■ 柳嶋妙見山法性寺（柳島妙見）（参考15）

室町時代の明応元（1492）年、日遄上人によって開山された日蓮宗の寺です。妙見堂は、法性寺にあるお堂で北辰妙見大菩薩を祀っています。

葛飾北斎が信仰していた寺としても有名で「柳嶋妙見堂」「妙見宮」の作品があります。

所在地：東京都墨田区業平５丁目７番

■ 京成橋（参考16）

横十間川の現在地に、大正８（1919）年に架橋されました。大正元（1912）年に北十間川の押上地区の北側に京成電気軌道の押上駅が開業し、大正２（1913）年に現在の浅草通りと四ツ目通りの交差点の西側に、路面電車の東京市電の押上停留所が設置されました。

そのため、既に開業していた京成電気軌道の押上駅との間の北十間川に京成電気軌道が東京市（当時）の許可を得て橋を架けました。このことから、橋の名が「京成橋」となりました。現在の橋は、昭和47（1972）年に架け替えられた２代目です。

■ 東武橋（参考17）

明治35（1902）年に東武鉄道により、吾嬬橋駅（その後、業平橋駅へ、現在はとうきょうスカイツリー駅）が開業し、現在の浅草通りへ接続するため、北十間川に架橋されました。その後、直近では昭和63（1988）年に架け替えされ、東京スカイツリー開業後は、東京スカイツリーの撮影スポットになっています。

■ 曳舟川（参考18）

「曳舟川」は、四ツ木用水とも呼ばれ、江戸時代に本所、深川方面に上水を供するため、元荒川の一部を堰き止めて造った「瓦曽根の溜め井」（現在の埼玉県越谷市瓦曽根溜井）から分水し、埼玉県草加市・八潮市、東京都足立区・葛飾区（亀有・四つ木）を経て、墨田区向島まで引かれ、北十間川に流れていました。

昭和５（1930）年に完成した荒川（放水路）により、葛飾区側と墨田区側に分断され、さらに墨田区側は昭和30年代から40年代に暗渠化され、現在は道路として「曳舟川通り」と呼ばれています。

【筆者プロフィール】
渡部　良雄（わたべ　よしお）
1955（昭和30）年生まれ
東京都立墨田川高校、中央大学法学部卒業
2005（平成17）年、東京シティガイド検定に合格
2016（平成28）年、千葉地方法務局船橋支局長を退職
2017（平成29）年、特定非営利活動法人（NPO法人）「江戸百景と東京の風景の会」設立、現在に至る

【特定非営利活動法人「江戸百景と東京の風景の会」】
主に江戸百景の絵を巡るツアーを行っています。
ホームページ：https://edohyakkei.jimdo.com/

江戸百景を歩く
～隅田川向島・北十間川編～

2024年12月７日　初版第１刷印刷
2024年12月13日　初版第１刷発行

著　者　渡　部　良　雄
監　修　久　染　健　夫
発行者　市　倉　　　泰
発行所　株式会社　恒　春　閣

〒114-0001　東京都北区東十条6-6-18
tel. 03-6903-8563・fax. 03-6903-8613
https://www.koshunkaku.jp

ISBN978-4-910899-16-9
定価：2,420円（本体：2,200円）
印刷／株式会社平河工業社

〈検印省略〉
Koshunkaku Co., Ltd.
Printed in Japan
KOSHUNKAKU